BROT
BRÖTCHEN

Marianna Buser

FONA

DANK

Ich danke allen Bio-Vollkornbäcker/-innen der Schweiz, die mich auf den guten Brotgeschmack gebracht haben; meinen treuen Freunden und Helfern Claudia Gorbach, Othmar Herde und Christoph Stadelmann; dem Bäcker Anselm Bächler, der mich mit dem Bäckeralltag vertraut gemacht hat; dem Bäcker Martin Hirsiger, der mir die Wichtigkeit der Teigruhe erklärte und mir Tipps zum Backen im elektrischen Backofen gegeben hat; Herrn Röthlisberger von der Weizen- und Roggenmühle Flamatt, der mir die Müllereitechnik verständlich gemacht hat, und nicht zuletzt den Familien Huwiler und Schorri, bei denen ich Probe Backen durfte, wenn die Kapazität meines Backofens nicht ausgereicht hatte.

LEKTORAT: Léonie Schmid

GESTALTUNG: FonaGrafik, Melanie Graser

REZEPTE: Marianna Buser, ohne Seiten 42 (Brigitte Speck) / 56, 92, 96, 100, 106 (Myriam Hirano) / 72, 90, 106, 108 (Theres Berweger) / 74, 98, 110, 111, 112, 114, 116, 122, 123 (Erica Bänziger) / 80, 94 (Silvia Erne-Bryner) / 76 (Lucas Rosenblatt)

FOODBILDER: König & König, Zürich, ohne Seiten 41, 59, 63, 65, 67, 83, 85, 89 (Foodline.de GbR, Bad Wörishofen) / 43, 73, 75, 81, 91, 95, 99, 107, 109, 113, 115, 117 (Andreas Thumm, Freiburg i. Br.) / 77 (Jules Moser)

STEPS: König & König, Zürich

BILD COVER: Andreas Thumm, Freiburg i. Br.

RESTLICHE BILDER: Pixabay (Jute, Kapiteleinstieg / Hintergrund), Thinkstock (Mehl, Kapiteleinstieg)

DRUCK: Druckerei Uhl, Radolfzell

ISBN 978-3-03780-590-9

INHALT

ABKÜRZUNGEN

EL	gestrichener Esslöffel
TL	gestrichener Teelöffel
dl	Deziliter
ml	Milliliter
l	Liter
g	Gramm
kg	Kilogramm
Msp	Messerspitze

EINFÜHRUNG

BACKZUTATEN

HEFE

1857 entdeckte der Franzose Louis Pasteur im Mikroskop, dass die Hefe aus lebendigen Zellen besteht. Damit war geklärt, wer Weinkelterern, Bierbrauern und Bäckern geholfen hatte: eine kleine Zelle namens Hefe.

Frischhefe

Die Hefe ist ein Sprosspilz, der sich bei idealen Bedingungen vermehren kann. Er braucht dazu Zucker und Stärke als Nahrung, ferner Wärme, Flüssigkeit, Luft und Zeit. Bei diesem Prozess werden Zucker und Stärke in Alkohol und Kohlendioxid (Gasbläschen) gespalten. Das lockert den Teig und macht ihn schmackhafter. Zu große Hitze (über 40 °C) und direkte Berührung mit Fett und Salz während der Teigzubereitung können die Hefepilze zerstören.

Tiefgekühlte Hefe

Aufgetaut arbeitet sie langsamer als Frischhefe. Ein Teig braucht zum Aufgehen etwa ein Drittel länger als ein Hefeteig aus Frischhefe. Bio-Hefe kann nicht tiefgekühlt werden; sie verliert ihre Treibkraft.

Trockenhefe

Wird durch Gefriertrocknen aus Frischhefe hergestellt. Häufig wird die Hefe mit einem Emulgator angereichert.

Hefemenge

- Ein Brotteig aus 500 g Weizenvollkornmehl benötigt 15 g Frischhefe.
- Ein Brotteig aus 500 g Weizenvollkornmehl mit Nüssen/Samen benötigt 20 g Frischhefe.
- Ein Brotteig aus 500 g Weizenvollkornmehl mit Butter benötigt 35 g Frischhefe.
- Ein Brotteig aus 500 g Weizenweißmehl benötigt 10 g Frischhefe.

Die Hefe kann bei 500 g Weizenvollkornmehl bis auf 3 g reduziert werden. Die Vermehrung der Hefezellen dauert länger, 8 bis 10 Stunden. Das Brot hat einen intensiven Eigengeschmack und bleibt länger frisch. Je weniger Hefe, desto leichter verdaulich ist das Brot.

FLÜSSIGKEIT

Je nach Teigart werden Wasser, Milch, Buttermilch, Joghurt, Quark, Kefir, Bier, manchmal auch Öl verwendet. Bei Vollkornmehl kann die Flüssigkeitsmenge stark variieren.

SAUERTEIG

Sauerteig ist ein vorzügliches Teiglockerungsmittel. Es handelt sich dabei um einen sauer gewordenen, gegorenen Brei aus Mehl und Wasser. Wir kennen das ungewollte «Sauerwerden» aus dem Haushalt, wenn Lebensmittel durch falsche Lagerung oder durch zu langes Aufbewahren zu gären beginnen. Beim Sauerteig ist diese Gärung gewollt; dafür verantwortlich sind Hefepilzsporen und Milchsäurebakterien aus der Luft.

Die Teiglockerung mit Sauerteig eignet sich vor allem für schweren Teig aus Roggenvollkornmehl. Im Sauerteig kommt es dadurch zu einer Symbiose (Verbindung) von Milch- und Essigsäurebakterien sowie Hefepilzen. Die Milch- und die Essigsäure fördern die Arbeit des Klebers (Getreideeiweiß) im Teig. Sie regen zudem die Hefe an und entwickeln einen angenehmen säuerlichen Geschmack und verhindern während der langen Teigführung über mehrere Stufen die Entwicklung von unerwünschten Bakterien. Die Hefepilze sind für die alkoholische Gärung und die Teiglockerung verantwortlich.

Sauerteig aus dem Beutel

Im Handel ist auch getrockneter und flüssiger Sauerteig erhältlich. Meistens wird er in Kombination mit frischer Hefe als Teiglockerungsmittel verwendet.

Sauerteig, künstlicher

In den Bäckereien wird leider oft kein natürlicher Sauerteig mehr verwendet. Die Bäcker arbeiten mit einem Konzentrat aus Sauerteig, Genusssäuren, quellfördernden Stoffen, geschmacksbildenden Zutaten und Frischhaltemittel über 1 bis 2 Stufen.

NÜSSE, KERNE UND SAMEN, KRÄUTER UND GEWÜRZE

Nüsse und Kerne

Sie werden erst nach dem Kneten in den Teig gearbeitet, weil er sich so besser kneten lässt. Nuss- und Kernebrote sind äußerst aromatisch und energiestoffreich.

Leinsamen

Sie halten ein Brot länger frisch. Wichtig ist, dass die Leinsamen 8 bis 10 Stunden in Wasser eingeweicht werden, sonst entziehen sie dem Brot Feuchtigkeit und trocknen es aus.

Kräuter und Gewürze

Man gibt sie mit den übrigen Zutaten in die Teigschüssel. Aus einem gewöhnlichen Brot wird ein «Sonntagsbrot». Anis, Fenchel, Kümmel, Koriander usw. sind verdauungsfördernd, sie unterstützen den Eigengeschmack des Gebäcks und das Brot bleibt länger frisch.

GESUNDHEITLICHER WERT DES GETREIDES

Das Korn verliert durch die Ausmahlung der Randschicht und des Keimes ganz wesentlich an wertvollen Inhaltsstoffen. Dank hochentwickelter Müllereitechnik kann das Weißmehl zu Tiefstpreisen gekauft werden, das ist ein Nachteil für unsere Gesundheit. Je mehr raffinierte Lebensmittel wir konsumieren, dazu zählt auch das Getreide, umso anfälliger werden wir für Zivilisationskrankheiten wie Arthritis, Arthrose, Bandscheibenschäden, Rheuma, Übergewicht, Diabetes, Arteriosklerose, Thrombose, Herzinfarkt usw. Vollkornbrot in der täglichen Ernährung steigert nicht nur unser Wohlbefinden, es stärkt zudem unsere Gesundheit. Und wenn wir Vollkornbrot essen, dann sollte es aus unbehandeltem Getreide sein.

MEHLTYPEN

Ein **Weißmehl (Type 405)** enthält nur noch den Mehlkörper; der wertvolle Keim und alle Schalenteile gehen in die Tiernahrung.

Ein **Ruch-/Graumehl (Type 1050)** enthält den ganzen Mehlkörper und Teile der Schale; der wertvolle Keim und ein Teil der Schale gehen in die Tiernahrung.

Ein **Vollkornmehl** enthält den ganzen Mehlkörper und Schalenteile; der wertvolle Keimling geht in die Tiernahrung.

Häufig werden die Körner für ein Vollkornmehl in Metallschlagmühlen oder in herkömmlichen Steinmühlen separat gemahlen; das Resultat ist echtes Vollkornmehl inklusive des vitalstoffreichen Keimes.

WEIZENVOLLKORN-/-WEIßMEHL IM VERGLEICH

Inhaltsstoffe	**Vollkornmehl** Milligramm / 100 g	**Weißmehl** Milligramm / 100 g	**Verlust** in %
Vitamin B_1	0,50	0,05	90
Vitamin B_2	0,14	0,03	79
Niacin	5,00	0,70	86
Vitamin B_6	0,45	0,18	60
Folsäure	0,05	0,01	80
Provitamin A	0,23	0,06	74
Vitamin E	3,20	2,30	28
Natrium	8,00	2,00	75
Kalzium	45,00	15,00	67
Eisen	3,50	2,00	43
Mangan	2,50	0,75	70
Kupfer	0,75	0,40	47

DIE GETREIDESORTEN UND IHRE BACKEIGENSCHAFTEN

Getreideart	Back-eigenschaft	Teiglockerung	Eigenschaften
Weizen	sehr gut	Hefe, Sauerteig, Back-ferment, Backpulver	Weltgetreide und Brotgetreide schlechthin
Dinkel, Vorfahre des Weizens	gut	Hefe, Sauerteig, Back-ferment, Backpulver	geformtes Brot; läuft etwas breit
Grünkern, in der Milchreife geernteter, gedarrter Dinkel	mittel	Hefe, Sauerteig, Backferment	maximal 50 % Grünkernmehl in Kombination mit Weizenmehl; aromatisch
Emmer, Zweikorn (aus der Weizen-familie)	mittel	Hefe, Sauerteig, Backferment	maximal 50 % Emmermehl in Kombination mit Weizenmehl; süßlich-aromatisch
Roggen	sehr gut	Sauerteig, Back-ferment	für besonders herzhaftes Brot; gute Lagerfähigkeit
Hirse	schlecht	Hefe, Sauerteig, Back-ferment, Backpulver	maximal 33 % Hirsemehl in Kombination mit Weizen- oder Dinkelmehl
Hafer	schlecht	Hefe, Sauerteig, Back-ferment, Backpulver	maximal 33 % Hafermehl in Kombination mit Weizen- oder Dinkelmehl; nussig
Gerste	schlecht	Hefe, Sauerteig, Back-ferment, Backpulver	maximal 33 % Gerstenmehl in Kombination mit Weizen- oder Dinkelmehl
Reis	schlecht	Hefe, Sauerteig, Back-ferment, Backpulver	maximal 33 % Reismehl in Kombination mit Weizen- oder Dinkelmehl; knuspriges Gebäck
Mais	schlecht	Hefe, Sauerteig, Back-ferment, Backpulver	maximal 33 % Maismehl in Kombination mit Weizen- oder Dinkelmehl; knuspriges Gebäck
Buchweizen (Knöterichgewächs)	schlecht	Hefe, Sauerteig, Back-ferment, Backpulver	maximal 33 % Buchweizenmehl in Kombina-tion mit Weizen- oder Dinkelmehl; intensiver Eigengeschmack
Quinoa (Knöterichgewächs)	schlecht	Hefe, Sauerteig, Back-ferment, Backpulver	maximal 33 % Quinoamehl in Kombination mit Weizen- oder Dinkelmehl
Amarant (Knöterichgewächs)	schlecht	Hefe, Sauerteig, Back-ferment, Backpulver	maximal 33 % Amarantmehl in Kombination mit Weizen- oder Dinkelmehl

BROT-ABC

A

Anfrischsauer

Sauerteigkultur (Starter) aus Roggen- oder Weizenmehl und Wasser, die unter Einfluss von Luft und Wärme zu gären beginnt. Teiglockerungsmittel.

Anstellgut

Seite 22

Aufbewahren

Am besten legt man das Brot in einen Ton- oder Keramiktopf mit Löchern. Gut eignet sich auch ein Brotkasten aus Holz. In einem Kunststoffbeutel oder -gefäß kann das Brot nicht atmen, es wird gummigartig und neigt zu Schimmelbildung.

Aufgehen

Weil das Brot durch das Formen Volumen verliert, braucht es zusätzliche Zeit zum Aufgehen. Während der Ruhepause können sich die typischen Geruchs- und Geschmacksstoffe optimal entfalten, und der Brotboden reißt während des Backens nicht willkürlich auf.

Aufgehen, ungenügend

Die Hefe wurde mit zu warmem Wasser (über 40 °C) angerührt, was zur Zerstörung der Hefebakterien geführt hat. Maßnahme: Nochmals Hefe mit Wasser und Honig anrühren und mit etwas Mehl in den Teig einarbeiten. Teig erneut aufgehen lassen. Anderer Grund: Der Brotteig enthält mehr als ein Drittel Mehl mit schlechter Kleberqualität (Hirse, Gerste, Quinoa usw.), was zur Folge hat, dass die Hefe ihre Kraft nicht voll entfalten kann und der Teig dadurch zu wenig gelockert wird. Maßnahme: Zum Brotteig mehr Weizenvollkornmehl und etwas mehr Wasser geben. Teig nochmals kneten und erneut gehen lassen.

B

Backkörbchen

Geflochtenes Körbchen aus Weiden oder Peddigrohr. Das Brot bekommt eine schöne Struktur. Der Teig wird vor dem Backen ins Körbchen gedrückt, 10 Minuten darin belassen und dann auf ein Backblech gestürzt. Backkörbchen (längliche und runde) sind im Bio- und Naturkostladen, im Reformhaus und in der Reformbäckerei sowie auf lokalen Märkten erhältlich.

Backpulver, phosphatfrei

Es enthält anstelle von Phosphat natürliche Weinsteinsäure und Natriumbicarbonat als Triebmittel.

Brot, krümelig

Der Brotteig war zu trocken oder die Teigruhe zu kurz.

Brotfarbe

Auch ein intensiv braunes (dunkles) Brot ist nicht unbedingt vollwertig. Häufig enthält es einen großen Anteil raffiniertes Mehl (Weißmehl) und bekommt sein «gesundes Aussehen» durch Beimischung von Rübenzucker oder Malzextrakt.

Brotporen

Ein gut geknetetes und gut aufgegangenes Brot hat regelmäßige Poren. Beim Sauerteig sind sie kleiner als beim Hefeteig.

C

Chemie im Brot

Das Brot vom Bäcker besteht nicht nur aus Mehl, Salz, Wasser und Hefe. Das Mehl enthält oft Teigführungsmittel, künstliche Vitamine, Kleberfestiger, Trennmittel, Stabilisatoren, Säuerungsmittel, Geschmacksverstärker und Konservierungsstoffe.

E

Energiesparen

Das Brot braucht zu Beginn des Backprozesses eine hohe Temperatur, d.h. viel Energie. Der Energieverbrauch kann optimiert werden, wenn mehrere Brote miteinander gebacken werden; aber nur eine Lage; vor dem Brotbacken ein Gratin oder einen Früchtekuchen backen.

F

Fäden im Brot (Brotkrankheit)

Während der Sommermonate können sich im Hefebrot Fäden bilden. Der Erreger der Krankheit ist das Kartoffelbakterium oder Bacillus mesentericus, das über den Humus in das Getreide gelangt. Mit der Sauerteigführung oder etwas Essig im Hefeteig kann vorgebeugt werden.

G

Gare

Als Gare wird die Zeit des Teigaufgehens oder die Teigruhe bezeichnet. Stockgare ist die Zeit des Aufgehens bis zum Formen. Unter Stückgare versteht man das Aufgehen des geformten Teiges bis zum Backen.

Getreidemühle

Wenn man regelmäßig Brot bäckt oder Getreideschrot oder Mehl zum Kochen braucht, lohnt sich der Kauf einer elektrischen Getreidemühle. Wenn der Bedarf an frischem Mehl oder Schrot klein ist, reicht eine handbetriebene Mühle. Oder man kauft frisch gemahlenes Mehl im Naturkost- oder Bio-Laden.

Getreidemühle, Kauf

Das Design sollte nicht am wichtigsten sein. Folgende Punkte sind zu beachten: leistungsfähiger, robuster Motor, stabile, einfache Mahlregulierung, leichte Reinigung; die Mühle sollte problemlos auseinandergenommen werden können, wenn Mehl oder Getreidekörner die Mahlsteine blockieren. Wichtig sind auch die Mahlstufen, von fein bis grob, und die Lautstärke des Mahlwerkes.

H

Hefe

Seite 10

Hefe-Vorteig

In diesem Fall braucht es weniger Hefe und weniger Muskelkraft zum Teigkneten, das Klebereiweiß kann besser quellen, der Teig geht regelmäßiger auf, das Brot wird aromatischer und bleibt länger frisch.

K

Kneten

Gut Ding will Weile haben, auch beim Teigkneten. Durch das Kneten wird das Klebereiweiß angeregt und der Teig wird geschmeidig. Das Resultat kann sich sehen lassen: Das Brot geht regelmäßig auf, die Brotporen sind gleichmäßig, das Brot krümelt weniger und lässt sich gut schneiden.

Knetmaschine, Kauf

Wenn man oft Brot bäckt, lohnt es sich, eine Küchenmaschine mit Rührwerk (Teigknetmaschine) anzuschaffen.

Kohlensäure

Durch das Lockerungsmittel (z. B. Hefe und Sauerteig) wird der Teig mit Kohlensäure angereichert. Bei hoher Backtemperatur bildet das Brot rasch eine Kruste; die Kohlensäurebläschen bleiben im Brot eingeschlossen. Das gebackene Brot hat regelmäßige kleinere oder größere Poren.

Kruska

Eine besonders kräftige Getreidemischung aus Weizen, Roggen, Gerste und Hafer. Im Bio- und Naturkostladen und im Reformhaus erhältlich.

Kruste, glänzend

- Für einen schönen, starken Glanz: 1 Eigelb, 1 EL Wasser sowie 2–3 Tropfen Sonnenblumen- oder Olivenöl verrühren; Gebäck vor dem Backen einpinseln.
- Für einen schönen Glanz und eine intensive Bräune: 1 Eigelb, 1 EL Milch, 2 Prisen Vollrohrzucker und 1 Prise Salz verrühren; Gebäck vor dem Backen einpinseln.
- Für einen sanften Glanz: zu gleichen Teilen Wasser und Milch verrühren; Gebäck nach dem Backen einpinseln.
- Für einen starken Glanz und eine intensive Bräune: Gebäck nach dem Backen mit Rahm/Sahne einpinseln.

L

Lagerung, Mehl

Vollkornmehl lässt sich im Gegensatz zu Weiß- oder Ruchmehl nur kurze Zeit lagern. Durch den Kontakt mit Sauerstoff oxidieren die Fette; zudem werden Vitamine und Fermente innerhalb von 5 bis 6 Wochen stark abgebaut.

M

Mangel, Vitamin B_1

Dieses Vitamin ist für den Kohlehydrat-Stoffwechsel von zentraler Bedeutung. Kein anderes Lebensmittel enthält mehr Vitamin B_1 als der Getreidekeimling. Die Weltgesundheitsorganisation (WHO) empfiehlt, täglich 1,5 mg Vitamin B_1 zu nehmen; im Durchschnitt nehmen wir aber nur 0,8 mg. Vor hundert Jahren waren es noch 5 mg. Ohne den Konsum von Vollgetreide kann der Tagesbedarf nicht gedeckt werden.

N

Natron (Natrium)

Es ist hauptsächlich im Backpulver enthalten. Das Natron ist auch ein Zwischenprodukt bei der Sodaherstellung. Salzbrezel werden vor dem Backen in Natronlauge getaucht.

O

Ofen, Holz-

Heute wird das Brot in Etagen- oder Netzband-Backöfen gebacken. Bauern- oder Landbrote aus dem Holzofen sind eine Seltenheit. Auch Brot aus einem indirekt mit Holz geheizten Ofen wird als Holzofenbrot verkauft. Brot aus dem herkömmlichen Holzofen (auf Schamottesteinen) hat ein wunderbares Aroma.

Q

Quellzeit

Es ist die Zeit, die es braucht, damit ein hartes Korn so viel Wasser aufnehmen kann, damit wir es gut kauen und verdauen können. Getreideschrot benötigt 2 bis 3 Stunden, Getreidekörner 10 bis 12 Stunden, Leinsamen 8 bis 10 Stunden (die kleinen Samen nehmen sehr viel Wasser auf; dadurch bleibt das Brot lange frisch).

R

Risse, Brotkrusten-

In der Brotkruste des Sauerteigbrotes sind Risse gern gesehen; der Teig hat gut getrieben. Ungewollte Risse an der Oberfläche eines Butterzopfes: Teig länger kneten und Teigrollen sorgfältiger drehen, geformtes Brot länger aufgehen lassen. Ungewollte Risse in der Brotkruste eines Brotes aus Hefeteig: Teig länger kneten und die Teigoberfläche einschneiden.

S

Schimmelpilz

Kann in den Sommermonaten oder bei hoher Luftfeuchtigkeit und Wärme im Brot entstehen. Brot nicht mehr essen!

T

Teig, zu trocken und zu fest

Brotteig flach drücken und etwas Wasser auf die Oberfläche gießen. Die Flüssigkeit mit nassen Händen einarbeiten. Eventuell braucht es noch etwas Mehl und zusätzliche Flüssigkeit. Teig so lange bearbeiten, bis er leicht feucht und weich ist.

Teig, zu nass

Mit nassen Händen etwas Mehl einarbeiten und weiterkneten, bis der Teig leicht feucht, aber immer noch weich ist.

Temperatur

Luft- und Teigtemperatur dürfen beim Kneten 28 °C nicht übersteigen, sonst wird der Teig klebrig und nimmt zu wenig Wasser auf.

V

Vollkornbrot

Es muss in der Schweiz 98 bis 100 % und in Deutschland 90 % Vollkornmehl enthalten.

W

Wasser

Für die meisten Brotteige wird Wasser verwendet. Bei Vollkornmehl braucht es durchschnittlich einen Drittel mehr Wasser als bei ausgemahlenem Mehl (Ruchmehl, Weißmehl usw.). Der Vollkornteig muss feucht und leicht klebend sein, damit die im Mehl enthaltenen Schalenteile (Kleie) während der Gare quellen können. Die Erfahrung zeigt, dass gekauftes Vollkornmehl – meist ist der Keimling entfernt und das Mehl etwas feiner gemahlen – etwa 10 Prozent mehr Wasser aufnimmt als das in einer Haushaltmühle gemahlene Vollkornmehl. Auch die Getreidekörner sind nicht immer gleich; einmal enthalten sie etwas mehr, einmal etwas weniger Feuchtigkeit.

Wasserdampf

Das Brot geht besser auf, weil sich die Krustenbildung verzögert. Wer einen Ofen mit automatischer Wassereinspritzung hat, sollte sie nutzen. Als Ersatz kann eine mit Wasser gefüllte feuerfeste Schale auf das Backblech gestellt werden.

Z

Zöliakie
Die Erkrankung der Darmzotten ist auf eine Glutenunverträglichkeit (Eiweiß im Weizen, im Dinkel, im Roggen, in der Gerste und im Hafer) zurückzuführen.

Zuckerrübensirup
Der Saft gekochter Zuckerrüben wird zu dickflüssigem Sirup eingedickt. Zuckerrübensirup wird unter anderem zur Vermehrung der Hefepilze im Brotteig oder als Brotaufstrich verwendet. Er hat eine sehr dunkle Farbe und wird manchmal zum Färben von hellem Mehl verwendet. Zuckerrübensirup ist im Bio- und Naturkostladen sowie im Reformhaus erhältlich.

HEFETEIG – HAUSBROT

GRUNDREZEPT

15 g Frischhefe
1 TL Honig
1 dl/100 ml Wasser
300 g Weizenvollkornmehl
100 g Dinkelvollkornmehl
1½ TL Salz
1 EL weiche Butter
1½ dl/150 ml Wasser

1 Hefe mit Honig und Wasser verrühren.

2 Weizen- und Dinkelmehl in einer Schüssel mischen und eine Vertiefung formen. Hefeflüssigkeit in die Vertiefung gießen und einen halben Esslöffel Mehl unterrühren. Schüssel mit einem feuchten Tuch bedecken und den Vorteig an einem warmen Ort 15 Minuten gehen lassen (Bild 2).

3 Salz unter den Vorteig rühren, Butter und Wasser zugeben, zu einem Teig zusammenfügen. Teig auf der Arbeitsfläche 10 Minuten von Hand oder 5 Minuten in der Teigknetmaschine kneten. Schüssel mit einem feuchten Tuch zudecken. Teig an einem warmen Ort auf das doppelte Volumen aufgehen lassen (Bilder 3, 4 und 5).

4 Backofen auf 250 °C vorheizen.

5 Teig zu einer Rolle von etwa 30 cm Länge formen, auf das eingefettete Blech legen. Nochmals 10 Minuten gehen lassen. Für die Verzierung die Teigrolle 4-mal schräg einschneiden.

6 Hausbrot auf mittlerer Schiene in den Ofen schieben und zuerst 10 Minuten bei 250 °C und dann 40 Minuten bei 180 °C backen (Bild 6).

2

4

6

SAUERTEIGBROT

ANSTELLGUT

50 g Roggenvollkornmehl
50 g Weizenvollkornmehl
100 g Roggenschrot
1 Prise gemahlene Kümmel-samen
2½ dl/250 ml Wasser

ROGGENSAUERTEIG-BROT

1 Portion Anstellgut
500 g Roggenvollkornmehl
6 dl/600 ml Wasser
500 g Roggenvollkornmehl
½ TL Kümmelpulver
1 EL Salz
2–2½ dl/200–260 ml Wasser
3 EL Weizen- oder Roggen-vollkornmehl

TIPP Das Brot kann auch in einer Cakeform oder ohne Form gebacken werden.

1 Für das Anstellgut Roggen- und Weizenmehl mit dem Roggenschrot in einer Schüssel mischen. Kümmel und Wasser zugeben, zu einem Brei rühren (Bilder 1 und 2). Brei an einem warmen Ort etwa 3 Tage stehen lassen, bis sich deutlich Bläschen gebildet haben und der Brei säuerlich riecht (Bild 3). Aus Mehl und Wasser ist das «Anstellgut» entstanden, das als Lockerungsmittel für den Brotteig verwendet wird. Das Anstellgut kann in einem Glas mit Schraubverschluss im Kühlschrank bis zu 6 Monaten aufbewahrt werden. Es hat jedoch die beste Triebkraft, wenn es alle 1 bis 3 Wochen für die Sauerteigherstellung eingesetzt wird und stets von neuem mit Mehl, Wasser und Luft in Kontakt kommt. Bei weniger häufiger Verwendung geht es länger, bis sich der Grundsauer gebildet hat, statt 10 eventuell 15 Stunden.

2 Für das Sauerteigbrot Anstellgut für den Grundsauer mit Roggenmehl und Wasser in Schüssel geben und mit einem Holzlöffel verrühren. Schüssel mit feuchtem Tuch zudecken. Über Nacht (10 bis 12 Stunden) an warmem Ort stehen lassen (Bild 3). Anderntags vom Grundsauer 450 g Teig entnehmen, in ein Glas mit Schraubverschluss füllen, im Kühlschrank für weitere Sauerteigbrote als Anstellgut aufbewahren.

3 Roggenmehl, Kümmelpulver, Salz und Wasser zum Grundsauer geben, gut vermengen. Schüssel mit einem feuchten Tuch zudecken und den Teig an einem warmen Ort 1 bis 2 Stunden gehen lassen (Bilder 4 und 5).

4 Den nun erhaltenen Vollsauerteig etwas bemehlen und zu einer Kugel formen, in ein Körbchen drücken. Teig nochmals 30 bis 45 Minuten gehen lassen.

5 Teig auf eingefettetes Blech stürzen, Körbchen entfernen. Im vorgeheizten Ofen in der Mitte 10 Minuten bei 250 °C und 70 Minuten bei 180 °C backen (Bild 6).

2

4

6

AUS ECHTEM SCHROT UND KORN

WEIZENBROT

FÜR EINE CAKE-/ KASTENFORM VON 20–23 CM LÄNGE

5 EL Weizenkörner
2 dl/200 ml Wasser
15 g Frischhefe
1 TL Honig
1 dl/100 ml Wasser
500 g Weizenvollkornmehl
1½ TL Salz
2,7 dl/270 ml Wasser
2 EL Weizenschrot oder -mehl

1 Weizenkörner über Nacht im Wasser einweichen.

2 Hefe mit Honig und Wasser verrühren.

3 Mehl in eine Schüssel füllen und eine Vertiefung formen. Hefeflüssigkeit in die Vertiefung gießen und einen Teelöffel Mehl unterrühren. Schüssel mit feuchtem Tuch zudecken, Vorteig an einem warmen Ort 15 Minuten gehen lassen.

4 Salz unter den Vorteig rühren, Wasser zugeben, zu einem Teig zusammenfügen. Teig auf der Arbeitsfläche 10 Minuten von Hand oder 4 bis 5 Minuten in der Teigknetmaschine kneten.

5 Weizenkörner abgießen, in den Teig kneten. Schüssel mit einem feuchten Tuch zudecken. Teig an einem warmen Ort auf das doppelte Volumen aufgehen lassen.

6 Backofen auf 250 °C vorheizen.

7 Cakeform einfetten und mehlen. Den Teig zu einer Rolle formen und in die Form legen. Nochmals 10 Minuten gehen lassen.

8 Weizenbrot in der Mitte in den Ofen schieben und zuerst 10 Minuten bei 250 °C und dann 40 Minuten bei 180 °C backen. Das Brot aus der Form nehmen und nochmals 10 Minuten bei 180 °C backen.

HAFERBROT Seite 29
WEIZENBROT
HIRSEBROT Seite 28

HIRSEBROT

FÜR EINE CAKE-/ KASTENFORM VON 17–23 CM LÄNGE

6 EL Hirsekörner, über Nacht in 1 dl/100 ml Wasser eingeweicht
15 g Frischhefe
1 TL Honig
1 dl/100 ml Wasser
400 g Weizenvollkornmehl
100 g Hirsemehl
1½ TL Salz
1 Msp Safranpulver
2,4 dl/240 ml Wasser

2 EL Rahm/Sahne

1 Hefe mit Honig und Wasser verrühren.

2 Weizen- und Hirsemehl in einer Schüssel mischen, eine Vertiefung formen. Hefeflüssigkeit in die Vertiefung gießen und 1 Esslöffel Mehl unterrühren. Schüssel mit feuchtem Tuch zudecken. Vorteig an einem warmen Ort 15 Minuten gehen lassen.

3 Salz und Safranpulver unter den Vorteig rühren, Wasser zugeben, zu einem Teig zusammenfügen. Teig auf der Arbeitsfläche 10 Minuten von Hand oder 4 bis 5 Minuten in der Teigknetmaschine kneten. Der Teig muss weich sein.

4 Hirsekörner abgießen, in den Teig kneten. Schüssel mit feuchtem Tuch zudecken. Teig an einem warmen Ort auf das doppelte Volumen aufgehen lassen.

5 Backofen auf 250 °C vorheizen.

6 Cakeform einfetten, eventuell Mehl einstreuen. Teig zu einer Rolle formen und in die Form legen. Nochmals 10 bis 15 Minuten gehen lassen.

7 Hirsebrot in der Mitte in den Ofen schieben und zuerst 10 Minuten bei 250 °C und dann 40 Minuten bei 180 °C backen. Brot aus der Form nehmen, nochmals 10 Minuten bei 180 °C backen. Das noch heiße Brot mit Rahm bepinseln.

Abbildung Seite 27

HAFERBROT

FÜR EINE CAKE-/ KASTENFORM VON 20–30 CM LÄNGE

100 g Haferschrot
2 dl/200 ml lauwarmes Wasser
1 TL Honig
15 g Frischhefe
1 dl/100 ml lauwarmes Wasser
400 g Dinkelvollkornmehl
1½ TL Salz
1,2 dl/120 ml Wasser

Dinkelvollkornmehl, für die Form
Haferschrot

1 Haferschrot im lauwarmen Wasser (2 dl/200 ml) 1 bis 2 Stunden quellen lassen.

2 Honig und Hefe im lauwarmen Wasser auflösen.

3 Mehl in eine Schüssel füllen und eine Vertiefung drücken. Hefeflüssigkeit hineingießen, 1 Esslöffel Mehl unterrühren. Schüssel mit feuchtem Tuch zudecken. Vorteig bei Zimmertemperatur 15 Minuten gehen lassen.

4 Salz, Wasser und eingeweichtes Haferschrot unter den Vorteig rühren, zu einem Teig zusammenfügen. Teig auf der Arbeitsfläche 10 Minuten von Hand oder 4 bis 5 Minuten in der Knetmaschine auf kleinster Stufe kneten. Der Teig muss weich sein. Schüssel mit feuchtem Tuch zudecken. Teig bei Zimmertemperatur auf das doppelte Volumen aufgehen lassen.

5 Backofen auf 250 °C vorheizen.

6 Cakeform einfetten und mehlen. Teig zu einer Rolle formen und im Haferschrot drehen. In die Form legen. Nochmals 10 bis 15 Minuten gehen lassen.

7 Haferbrot in der Mitte in den Ofen schieben und zuerst 10 Minuten bei 250 °C und dann 40 Minuten bei 180 °C backen. Brot aus der Form nehmen. Nochmals 10 Minuten bei 180 °C backen.

Abbildung Seite 27

REISBROT

**FÜR EINE CAKE-/
KASTENFORM
VON 17–23 CM LÄNGE**

100 g Vollkorn-/Naturreis
2 dl/200 ml Wasser
15 g Frischhefe
1 TL Honig
1 dl/100 ml Wasser
400 g Weizenvollkornmehl
1½ TL Salz
2 dl/200 ml Wasser

1 Reis in einer Pfanne kurz trocken rösten, Wasser zugeben, aufkochen, bei schwacher Hitze etwa 20 Minuten zugedeckt kochen und dann auf der ausgeschalteten Wärmequelle 5 Minuten zugedeckt ausquellen lassen.

2 Hefe mit Honig und Wasser verrühren.

3 Mehl in eine Schüssel füllen und eine Vertiefung formen. Hefeflüssigkeit in die Vertiefung gießen und 1 Esslöffel Mehl unterrühren. Schüssel mit feuchtem Tuch zudecken. Vorteig an einem warmen Ort 15 Minuten gehen lassen.

4 Salz unter den Vorteig rühren, Wasser zugeben, zu einem Teig zusammenfügen. Teig auf der Arbeitsfläche 10 Minuten von Hand oder 4 bis 5 Minuten in der Teigknetmaschine kneten. Der Teig muss weich sein. Reis einkneten. Schüssel mit feuchtem Tuch zudecken. Teig an einem warmen Ort auf das doppelte Volumen aufgehen lassen.

5 Backofen auf 250 °C vorheizen.

6 Cakeform einfetten, eventuell wenig Mehl einstreuen. Teig zu einer Rolle formen, in die Form legen. Nochmals 10 bis 15 Minuten gehen lassen.

7 Reisbrot in der Mitte in den Ofen schieben und zuerst 10 Minuten bei 250 °C und dann 40 Minuten bei 180 °C backen. Aus der Form nehmen, weitere 10 Minuten bei 180 °C backen.

MAISBROT

FÜR EINE CAKE-/ KASTENFORM VON 20–23 CM LÄNGE

15 g Frischhefe
1 TL Honig
1 dl/100 ml Wasser
400 g Weizenvollkornmehl
100 g Maismehl
1 ½ TL Salz
½ TL Kurkuma/Gelbwurz
2½ dl/250 ml Wasser
2 EL Maismehl

1 Hefe mit Honig und Wasser verrühren.

2 Weizen- und Maismehl in einer Schüssel mischen und eine Vertiefung formen. Hefeflüssigkeit in die Vertiefung gießen, 1 Teelöffel Mehl unterrühren. Schüssel mit feuchtem Tuch zudecken. Teig an einem warmen Ort 15 Minuten gehen lassen.

3 Salz und Kurkuma unter Vorteig rühren, Wasser zugeben, zu einem Teig zusammenfügen. Teig auf der Arbeitsfläche 10 Minuten von Hand oder 4 bis 5 Minuten in der Teigknetmaschine kneten. Der Teig muss weich sein. Schüssel mit feuchtem Tuch zudecken. Teig an einem warmen Ort auf das doppelte Volumen aufgehen lassen.

4 Backofen auf 250 °C vorheizen.

5 Cakeform einfetten. Teig zu einer Rolle formen, im Maismehl drehen. In die Form legen, nochmals 10 bis 15 Minuten gehen lassen.

6 Maisbrot in der Mitte in den Ofen schieben und zuerst 10 Minuten bei 250 °C und dann 40 Minuten bei 180 °C backen. Aus der Form nehmen, weitere 10 Minuten bei 180 °C backen.

ROGGENBROT

FÜR EINE CAKE-/ KASTENFORM VON 20–23 CM LÄNGE

100 g Roggenschrot
2 dl/200 ml Wasser
15 g Frischhefe
1 TL Honig
1 dl/100 ml Wasser
400 g Weizenvollkornmehl
1½ TL Salz
1 dl/100 ml Wasser

1 Roggenschrot über Nacht im Wasser einweichen.

2 Hefe mit Honig und Wasser verrühren.

3 Mehl in eine Schüssel füllen, eine Vertiefung formen. Hefeflüssigkeit in die Vertiefung gießen, 1 Teelöffel Mehl unterrühren. Schüssel mit feuchtem Tuch zudecken. Vorteig an einem warmen Ort 15 Minuten gehen lassen.

4 Salz unter den Vorteig rühren. Wasser und eingeweichtes Roggenschrot zugeben, zu einem Teig zusammenfügen. Teig auf Arbeitsfläche 10 Minuten von Hand oder 4 bis 5 Minuten in der Teigknetmaschine kneten. Der Teig muss weich sein. Schüssel mit feuchtem Tuch zudecken, Teig an einem warmen Ort auf das doppelte Volumen aufgehen lassen.

5 Backofen auf 250 °C vorheizen.

6 Cakeform einfetten. Teig zu einer Rolle formen, in die Form legen, 10 bis 15 Minuten gehen lassen.

7 Roggenbrot in der Mitte in den Ofen schieben und zuerst 10 Minuten bei 250 °C und dann 40 Minuten bei 180 °C backen. Aus der Form nehmen und weitere 10 Minuten bei 180 °C backen.

LOCKERES WEIZEN-SAUERTEIGBROT

FÜR EINE CAKE-/KASTENFORM VON 20–23 CM LÄNGE

½ Portion Anstellgut, Seite 22
3 dl/300 ml Wasser
250 g Weizenvollkornmehl
1½ TL Salz
1 dl/100 ml Wasser
250 g Weizenvollkornmehl

1 Für den Grundsauer Anstellgut (ca. 230 g) mit Wasser und Mehl (250 g) in einer Schüssel gut verrühren. Schüssel mit feuchtem Tuch zudecken. Grundsauer über Nacht an einen warmen Ort stellen.

2 Am nächsten Morgen vom Grundsauer etwa 250 g entnehmen und in ein Glas mit Schraubverschluss füllen. Das Anstellgut im Kühlschrank für weitere Sauerteigbrote aufbewahren.

3 Salz, Wasser und Mehl (250 g) zum Grundsauer geben, von Hand oder mit der Teigkelle gut mischen. Schüssel mit einem feuchten Tuch zudecken. Teig an einem warmen Ort 1 bis 2 Stunden gehen lassen.

4 Vollsauerteig in die gut eingefettete und bemehlte Cakeform füllen, 30 bis 45 Minuten gehen lassen.

5 Backofen auf 250 °C vorheizen.

6 Weizensauerteigbrot in der Mitte in den Ofen schieben und zuerst 10 Minuten bei 250 °C und dann 50 Minuten bei 180 °C backen. Brot aus der Form nehmen und nochmals 10 bis 15 Minuten bei 180 °C backen.

EMMERBROT

½ Portion Anstellgut, Seite 22
250 g Weizenvollkornmehl
1½ dl/150 ml Wasser
250 g Emmervollkornmehl
100 g Weizenvollkornmehl
2 dl/200 ml Milch
2 TL Salz
1 TL Honig
1 TL Korianderpulver
1 TL Kardamompulver
2 EL Weizenvollkornmehl

1 Für den Grundsauer Anstellgut (ca. 230 g) mit Weizenmehl (250 g) und Wasser verrühren. Schüssel mit feuchtem Tuch zudecken. Den Grundsauer über Nacht an einen warmen Ort stellen.

2 Am nächsten Morgen vom Grundsauer etwa 230 g Teig entnehmen und in ein Glas mit Schraubverschluss füllen. Im Kühlschrank als Anstellgut für weitere Sauerteigbrote aufbewahren.

3 Emmer- und Weizenmehl, Milch, Salz, Honig und Gewürze unter den Grundsauer rühren. Schüssel mit feuchtem Tuch zudecken. Teig an einem warmen Ort 1 bis 2 Stunden gehen lassen.

4 Vollsauerteig in 2 Portionen teilen, rund formen, Brote auf ein eingefettetes Blech legen. Brote mit Wasser besprühen und mit Mehl bestäuben. Nochmals 30 bis 45 Minuten gehen lassen.

5 Backofen auf 250 °C vorheizen.

6 Emmerbrote in der Mitte in den Ofen schieben und zuerst 10 Minuten bei 250 °C und dann 50 Minuten bei 180 °C backen.

EMMER Er wird auch Zweikorn genannt und gehört zur Gattung des Weizens. Er war während vieler Jahrhunderte fast verschwunden, heute wird das aromatische Getreide wieder vermehrt angebaut.

SONNENBLUMENBROT Seite 38
EMMERBROT
KNÄCKEBROT Seite 36/37

HAFERFLOCKEN-KNÄCKEBROT

50 g Haferflocken
1 dl/100 ml Milch
200 g Weizenvollkornmehl
1 TL phosphatfreies Backpulver
¾ TL Salz
2 EL Baum-/Walnussöl
1 dl/100 ml Wasser

1 Haferflocken 30 Minuten in der Milch einweichen.

2 Mehl, Backpulver und Salz in einer Schüssel mischen. Eingeweichte Haferflocken, Baumnussöl und Wasser zugeben, zu einem Teig zusammenfügen. Teig auf der Arbeitsfläche 5 Minuten von Hand oder 3 Minuten in der Teigknetmaschine kneten. Der Teig soll fest sein. Schüssel mit feuchtem Tuch zudecken, Teig 30 Minuten ruhen lassen.

3 Backofen auf 180 °C vorheizen.

4 Teig halbieren, 1 bis 2 mm dick ausrollen, mit Teigrädchen 6 cm × 11 cm große Rechtecke schneiden. Knäckebrot auf ein eingefettetes Blech legen, mit einer Gabel ein paarmal einstechen. Mit Dinkelmehl bestäuben.

5 Haferflocken-Knäckebrot in der Mitte in den Ofen schieben und bei 180 °C 30 bis 40 Minuten backen.

Abbildung Seite 35

SESAM-KNÄCKEBROT

200 g Dinkelvollkornmehl
50 g Weizenvollkornmehl
30 g Sesamsamen
1 TL phosphatfreies Backpulver
¾ TL Salz
25 g weiche Butter
1,7 dl/170 ml Wasser

1 Mehle, Sesamsamen, Backpulver und Salz in einer Schüssel mischen, Butter und Wasser zugeben, zu einem Teig zusammenfügen. Teig auf der Arbeitsfläche 5 Minuten von Hand oder 3 Minuten in der Teigknetmaschine kneten. Schüssel mit feuchtem Tuch zudecken, Teig 30 Minuten ruhen lassen.

2 Backofen auf 180 °C vorheizen.

3 Teig halbieren, 1 bis 2 mm dick ausrollen, mit Teigrädchen 6 cm × 11 cm große Rechtecke schneiden. Knäckebrot auf ein eingefettetes Blech legen, mit einer Gabel ein paarmal einstechen. Mit Dinkelmehl bestäuben.

4 Sesam-Knäckebrot in der Mitte in den Ofen schieben und bei 180 °C 30 bis 40 Minuten backen.

Abbildung Seite 35

SONNENBLUMEN-BROT

15 g Frischhefe
1 TL Honig
1 dl/100 ml Wasser
250 g Weizenvollkornmehl
100 g Dinkelvollkornmehl
1 TL Salz
1 EL weiche Butter
1½ dl/150 ml Wasser
100 g Sonnenblumenkerne

3–4 EL Sonnenblumenkerne

1 Hefe mit Honig und Wasser verrühren.

2 Mehle in einer Schüssel mischen, eine Vertiefung formen. Hefeflüssigkeit in die Vertiefung gießen, 1 Teelöffel Mehl unterrühren. Schüssel mit feuchtem Tuch zudecken. Vorteig an einem warmen Ort 15 Minuten gehen lassen.

3 Salz unter den Vorteig rühren, weiche Butter und Wasser zugeben, zu einem Teig zusammenfügen. Teig auf der Arbeitsfläche 10 Minuten von Hand oder 4 bis 5 Minuten in der Teigknetmaschine kneten. Der Teig muss weich sein. Sonnenblumenkerne einarbeiten. Schüssel mit einem feuchten Tuch zudecken, Teig an einem warmen Ort auf das doppelte Volumen aufgehen lassen.

4 Backofen auf 250 °C vorheizen.

5 Ein baumnussgroßes Teigstück beiseitelegen, aus dem restlichen Teig eine Kugel formen und auf ein eingefettetes Blech legen, in der Mitte eine Vertiefung drücken. Das kleine Teigstück zu einer Kugel formen, in kaltes Wasser tauchen und in die Vertiefung drücken. Brot mit Wasser besprühen. Restliche Sonnenblumenkerne darüberstreuen, ein wenig andrücken. Nochmals 5 bis 10 Minuten gehen lassen.

6 Sonnenblumenbrot in der Mitte in den Ofen schieben und zuerst 10 Minuten bei 250 °C und dann 35 Minuten bei 180 °C backen. Das noch heiße Brot mit Wasser besprühen.

Abbildung Seite 35

MOHNSAMEN-BROT

½ Portion Anstellgut, Seite 22
250 g Roggenvollkornmehl
3 dl/300 ml Wasser
250 g Weizenvollkornmehl
60 g Mohnsamen
2 dl/200 ml Wasser
1½ TL Salz

2 EL Mohnsamen

1 Für den Grundsauer Anstellgut (ca. 230 g) mit Roggenmehl und Wasser glatt rühren. Schüssel mit feuchtem Tuch zudecken. Grundsauer über Nacht an einem warmen Ort stehen lassen.

2 Am nächsten Morgen vom Grundsauer etwa 230 g Teig entnehmen und in ein Glas mit Schraubverschluss füllen. Im Kühlschrank für weitere Sauerteigbrote aufbewahren.

3 Weizenmehl, Mohnsamen, Wasser und Salz zum Grundsauer geben und zu einem Teig rühren. Schüssel mit feuchtem Tuch zudecken. Teig an warmem Ort 1 bis 2 Stunden gehen lassen.

4 Vollsauerteig zu einem runden Laib formen, auf das eingefettete Blech legen, 30 bis 45 Minuten gehen lassen. Brot mit Wasser bepinseln und Mohnsamen bestreuen, ein wenig andrücken.

5 Backofen auf 250 °C vorheizen.

6 Mohnsamenbrot in der Mitte in den Ofen schieben und zuerst 10 Minuten bei 250 °C und dann 50 bis 60 Minuten bei 180 °C backen.

Abbildung Seite 41

AMARANTBROT

100 g Amarant
3½ dl/350 ml Wasser
15 g Frischhefe
1 TL Honig
1 dl/100 ml Wasser
50 g Amarantmehl
500 g Weizenvollkornmehl
2 TL Salz
1½ dl/150 ml Milch
1 EL weiche Butter

1 Amarant mit Wasser aufkochen und 10 Minuten bei schwacher Hitze kochen lassen, auf der ausgeschalteten Wärmequelle 1 Stunde ausquellen lassen.

2 Hefe mit Honig und Wasser verrühren.

3 Amarant- und Weizenmehl sowie Salz in einer Schüssel mischen, eine Vertiefung drücken. Hefeflüssigkeit in die Vertiefung gießen und 1 Teelöffel Mehl unterrühren. Schüssel mit feuchtem Tuch zudecken, Vorteig an einem warmen Ort 15 Minuten gehen lassen.

4 Milch, Butter und gekochten Amarant unter den Vorteig rühren, zu einem Teig zusammenfügen. Teig auf der Arbeitsfläche 10 Minuten von Hand oder 5 Minuten in der Teigknetmaschine kneten. Der Teig muss weich sein. Schüssel mit feuchtem Tuch zudecken, Teig an einem warmen Ort auf das doppelte Volumen aufgehen lassen.

5 Backofen auf 250 °C vorheizen.

6 Teig zu einer Kugel formen, auf das eingefettete Blech legen, 10 Minuten gehen lassen. Für die Verzierung ein Trinkglas in die Mitte der Teigkugel drücken, Oberfläche strahlenförmig 8-mal einschneiden, Glas herausnehmen.

7 Amarantbrot in der Mitte in den Ofen schieben und zuerst 10 Minuten bei 250 °C und dann 35 Minuten bei 180 °C backen.

AMARANTBROT
MOHNSAMENBROT Seite 39

LEINSAMEN-FLADENBROT

je 250 g Dinkelvollkorn- und Dinkelweißmehl
80 g Leinsamen
1 Briefchen Trockenhefe
1½ TL Salz
½ l Wasser

1 Mehl, Leinsamen, Hefe und Salz mischen, Wasser zugeben, zu einem Teig zusammenfügen, 2 bis 3 Minuten rühren. Schüssel mit feuchtem Tuch zudecken. Teig mindestens 2 Stunden kühl stellen.

2 Backofen auf 220 °C vorheizen. Blech mit Backpapier belegen.

3 Teig auf das Backpapier geben. Das Brot wird nicht geformt.

4 Brot sofort in den vorgeheizten Ofen schieben und bei 220 °C 30 bis 35 Minuten backen.

TIPP Teig am Abend zubereiten und über Nacht im Kühlschrank stehen lassen. Am Morgen backen.

HAFERFLOCKEN-BROT

100 g grobe Haferflocken
1½ dl/150 ml Milch
15 g Frischhefe
1 TL Honig
1½ dl/150 ml Wasser
200 g Weizenvollkornmehl
200 g Dinkelvollkornmehl
1½ TL Salz
2 EL Baum-/Walnussöl
2 EL grobe Haferflocken

1 Haferflocken 30 Minuten in der Milch einweichen.

2 Hefe mit Honig und Wasser verrühren.

3 Mehle mit Salz in einer Schüssel mischen, eine Vertiefung drücken. Hefeflüssigkeit in die Vertiefung gießen, 1 Teelöffel Mehl unterrühren. Schüssel mit feuchtem Tuch zudecken. Vorteig an einem warmen Ort 15 Minuten gehen lassen.

4 Haferflocken mit Baumnussöl unter den Vorteig rühren, zu einem Teig zusammenfügen. Teig auf der Arbeitsfläche 10 Minuten von Hand oder 5 Minuten in der Teigknetmaschine kneten. Der Teig muss weich sein. Schüssel mit feuchtem Tuch zudecken, Teig an einem warmen Ort auf das doppelte Volumen aufgehen lassen.

5 Backofen auf 250 °C vorheizen.

6 Teig zu einer Kugel formen und auf das eingefettete Blech legen. Mit wenig Wasser besprühen, Haferflocken darüberstreuen. 10 Minuten gehen lassen. Für die Verzierung ein Trinkglas in die Mitte der Teigkugel drücken, wieder herausnehmen.

7 Haferflockenbrot in der Mitte in den Ofen schieben und zuerst 10 Minuten bei 250 °C und dann 35 Minuten bei 180 °C backen.

HIRSEFLOCKEN-BROT

15 g Frischhefe
1 TL Honig
1 dl/100 ml Wasser
300 g Dinkelvollkornmehl
80 g Hirseflocken
1 TL Salz
2 dl/200 ml Wasser

1 Hefe mit Honig und Wasser verrühren.

2 Mehl und Hirseflocken in einer Schüssel mischen, eine Vertiefung drücken. Hefeflüssigkeit in die Vertiefung gießen, 1 Teelöffel Mehl unterrühren. Schüssel mit feuchtem Tuch zudecken. Vorteig an einem warmen Ort 15 Minuten gehen lassen.

3 Salz unter den Vorteig rühren, Wasser zugeben, zu einem Teig zusammenfügen. Teig auf der Arbeitsfläche 10 Minuten von Hand oder 5 Minuten in der Teigknetmaschine kneten. Der Teig muss weich sein. Schüssel mit feuchtem Tuch zudecken, Teig an einem warmen Ort auf das doppelte Volumen aufgehen lassen.

4 Backofen auf 250 °C vorheizen.

5 Teig oval formen und auf das eingefettete Blech legen. Nochmals 10 Minuten gehen lassen. Für die Verzierung auf der Teigoberfläche mit einem scharfen Messer 3 Rhomben schneiden.

6 Hirseflockenbrot in der Mitte in den Ofen schieben und zuerst 10 Minuten bei 250 °C und dann 35 Minuten bei 180 °C backen. Noch heiß mit Wasser besprühen.

MEHRKORNBROT

4 EL Weizenkörner
4 EL Haferkörner
4 EL Gerstenkörner
1½ dl/150 ml Wasser
15 g Frischhefe
1 TL Honig
1 dl/100 ml Wasser
250 g Weizenvollkornmehl
100 g Dinkelvollkornmehl
1½ TL Salz
1,2 dl/120 ml Wasser
1 EL Weizenvollkornmehl

1 Alle Körner über Nacht im Wasser einweichen. Einweichwasser abgießen.

2 Hefe mit Honig und Wasser verrühren.

3 Mehle in einer Schüssel mischen, eine Vertiefung drücken. Hefeflüssigkeit in die Vertiefung gießen, 1 Teelöffel Mehl unterrühren. Schüssel mit feuchtem Tuch zudecken. Vorteig an einem warmen Ort 15 Minuten gehen lassen.

4 Salz unter den Vorteig rühren, Wasser zugeben, zu einem Teig zusammenfügen. Teig auf der Arbeitsfläche 10 Minuten von Hand oder 5 Minuten in der Teigknetmaschine kneten. Der Teig muss mittelfest sein. Eingeweichte Körner in den Teig kneten. Schüssel mit feuchtem Tuch zudecken. Teig an einem warmen Ort auf das doppelte Volumen aufgehen lassen.

5 Backofen auf 250 °C vorheizen.

6 Teig zu einem Strang von 40 cm Länge ausrollen. Teigenden mit Wasser befeuchten und zum Ring schließen, auf ein eingefettetes Blech legen, mit Wasser besprühen, 5 bis 10 Minuten gehen lassen. Für die Verzierung die Oberfläche 4-mal einschneiden. Ring mit Mehl bestäuben.

7 Ringbrot in der Mitte in den Ofen schieben und zuerst 10 Minuten bei 250 °C und dann 35 Minuten bei 180 °C backen.

KRUSKABROT

FÜR EINE CAKE-/ KASTENFORM VON 23–28 CM LÄNGE

1 Portion Anstellgut, Seite 22
500 g Roggenvollkornmehl
3 dl/300 ml Wasser
500 g gemahlene Kruskamischung
10 g Frischhefe
2½ dl/250 ml Wasser
2 TL Meersalz

1 Für den Grundsauer Anstellgut, Roggenmehl und Wasser in einer Schüssel gut verrühren. Schüssel mit einem feuchten Tuch zudecken. Teig über Nacht, 10 bis 12 Stunden, an einem warmen Ort gehen lassen.

2 Am nächsten Morgen vom Grundsauer gleiche Menge, wie für das Anstellgut verwendet wurde (etwa 450 g), wegnehmen und in ein Glas mit Schraubverschluss füllen. Im Kühlschrank für weitere Brote aufbewahren.

3 Kruskamehl, in Wasser aufgelöste Hefe und Salz zum Grundsauer geben und gut verrühren. Teigschüssel mit feuchtem Tuch zudecken, Teig an einem warmen Ort 1 bis 2 Stunden gehen lassen.

4 Cakeform einfetten, Teig einfüllen, 30 bis 60 Minuten gehen lassen.

5 Backofen auf 250 °C vorheizen.

6 Kruskabrot in der Mitte in den Ofen schieben und zuerst 10 Minuten bei 250 °C und dann weitere 70 Minuten bei 180 °C backen. Das Brot aus der Form nehmen und nochmals 10 Minuten bei 180 °C backen.

URBROT

FÜR 2 CAKE-/ KASTENFORMEN VON 20–23 CM LÄNGE

3 TL Salz
1 kg Weizenvollkornmehl
5 g Frischhefe
1 l Wasser
200 g Weizenvollkornmehl

1 Salz und Mehl (1 kg) in einer Schüssel mischen. Die im Wasser aufgelöste Hefe unterrühren. Schüssel mit feuchtem Tuch zudecken. Den flüssigen Teig an einem warmen Ort 12 Stunden gehen lassen.

2 Restliches Mehl in den Teig einarbeiten. Teig auf der Arbeitsfläche 10 Minuten von Hand oder 5 Minuten in der Teigknetmaschine kneten.

3 Den ziemlich feuchten Teig in die eingefetteten und bemehlten Cakeformen füllen. Nochmals 30 bis 45 Minuten gehen lassen.

4 Backofen auf 250 °C vorheizen.

5 Urbrote in der Mitte in den Ofen schieben und zuerst 10 Minuten bei 250 °C und weitere 40 Minuten bei 180 °C backen. Brote aus der Form nehmen und bei 180 °C nochmals 10 Minuten backen.

GRAHAMBROT

FÜR EINE CAKE-/ KASTENFORM VON 20–23 CM LÄNGE

15 g Frischhefe
1 TL Honig
1 dl/100 ml Wasser
400 g Weizenvollkornmehl
1½ TL Salz
3 dl/300 ml Milch
100 g Weizenweißmehl

1 Hefe mit Honig und Wasser verrühren.

2 Vollkornmehl und Salz in einer Schüssel mischen, Milch unterrühren. Schüssel mit feuchtem Tuch zudecken, Teig an einem warmen Ort 30 bis 60 Minuten gehen lassen.

3 In den Teig eine Vertiefung drücken und Hefeflüssigkeit hineingießen. Schüssel mit feuchtem Tuch zudecken. Vorteig an einem warmen Ort 15 Minuten gehen lassen.

4 Weißmehl in den Teig arbeiten. Auf der Arbeitsfläche 10 Minuten von Hand oder 5 Minuten in der Teigknetmaschine kneten. Der Teig muss leicht klebend und elastisch sein. Schüssel mit feuchtem Tuch zudecken, Teig an einem warmen Ort auf das doppelte Volumen aufgehen lassen.

5 Backofen auf 250 °C vorheizen.

6 Teig zu einer Rolle formen, in die eingefettete Cakeform legen. Nochmals 10 Minuten gehen lassen.

7 Grahambrot in der Mitte in den Ofen schieben und zuerst 10 Minuten bei 250 °C und dann 40 Minuten bei 180 °C backen. Brot aus der Form nehmen und nochmals 10 Minuten bei 180 °C backen.

BUTTERMILCH-BROT

15 g Frischhefe
1 TL Honig
1 dl/100 ml Buttermilch
300 g Roggenvollkornmehl
300 g Weizenvollkornmehl
1½ TL Salz
2 EL Anstellgut, Seite 22
2,8 dl/280 ml Buttermilch

1 Hefe mit Honig und Buttermilch verrühren.

2 Mehle und Salz in einer Schüssel mischen, eine Vertiefung drücken. Hefeflüssigkeit in die Vertiefung gießen, 1 Teelöffel Mehl unterrühren. Schüssel mit feuchtem Tuch zudecken, Vorteig an einem warmen Ort 15 Minuten gehen lassen.

3 Anstellgut und Buttermilch zum Vorteig geben, zu einem Teig zusammenfügen. Teig auf der Arbeitsfläche 10 Minuten von Hand oder 5 Minuten in der Teigknetmaschine kneten. Der Teig sollte leicht klebend und weich sein. Schüssel mit feuchtem Tuch zudecken. Teig an einem warmen Ort auf das doppelte Volumen aufgehen lassen.

4 Backofen auf 250 °C vorheizen.

5 Teig halbieren, Kugeln formen und auf ein eingefettetes Blech legen. 10 Minuten gehen lassen. Für die Verzierung die Oberfläche in der Mitte 1 cm tief einschneiden.

6 Buttermilchbrote in der Mitte in den Ofen schieben und zuerst 10 Minuten bei 250 °C und dann 30 Minuten bei 180 °C backen.

GERSTENMALZ-BROT

50 g Gerstenschrot
1 dl/100 ml Wasser
15 g Frischhefe
2 EL Gerstenmalzextrakt
1 dl/100 ml Wasser
50 g Gerstenvollkornmehl
400 g Weizenvollkornmehl
1 ½ TL Meersalz
2 Prisen Kümmelpulver
0,8 dl/80 ml helles Bier

1 Gerstenschrot 2 bis 3 Stunden im Wasser einweichen.

2 Hefe, Gerstenmalzextrakt und Wasser verrühren.

3 Mehle in einer Schüssel mischen, eine Vertiefung drücken. Hefeflüssigkeit in die Vertiefung gießen, 1 Teelöffel Mehl unterrühren. Schüssel mit feuchtem Tuch bedecken, Vorteig an einem warmen Ort 15 Minuten gehen lassen.

4 Salz, Kümmel sowie Gerstenschrot unter den Vorteig rühren, Bier zugeben, zu einem Teig zusammenfügen. Teig auf der Arbeitsfläche 10 Minuten von Hand oder 5 Minuten in der Teigknetmaschine kneten. Der Teig muss weich und elastisch sein. Schüssel mit feuchtem Tuch zudecken. Teig an einem warmen Ort auf das doppelte Volumen aufgehen lassen.

5 Backofen auf 250 °C vorheizen.

6 Teig in 4 Portionen teilen und nicht ganz rund formen. Auf einem eingefetteten Blech wie ein Kleeblatt zusammensetzen. Nochmals 10 Minuten gehen lassen.

7 Gerstenmalzbrot in der Mitte in den Ofen schieben und zuerst 10 Minuten bei 250 °C und weitere 25 Minuten bei 180 °C backen. Noch heiß mit Milch einpinseln.

Abbildung Seite 53

KARTOFFELBROT

200 g mehligkochende Kartoffeln
15 g Frischhefe
1 TL Honig
1 dl/100 ml Wasser
350 g Dinkelvollkornmehl
1½ TL Salz
0,6 dl/60 ml zimmerwarme Milch

1 Kartoffeln mit Schale würfeln, im Dampf weich garen. Noch heiß durchs Passevite/die Flotte Lotte drehen.

2 Hefe mit Honig und Wasser verrühren.

3 Mehl in eine Schüssel geben und eine Vertiefung drücken. Hefeflüssigkeit in die Vertiefung gießen, 1 Teelöffel Mehl unterrühren. Schüssel mit feuchtem Tuch zudecken. Vorteig an einem warmen Ort rund 15 Minuten gehen lassen.

4 Salz unter den Vorteig rühren, Kartoffelpüree und Milch zugeben, zu einem Teig zusammenfügen und auf der Arbeitsfläche 10 Minuten von Hand oder 5 Minuten in der Teigknetmaschine kneten. Der Teig muss geschmeidig sein. Teigschüssel mit feuchtem Tuch zudecken, Teig an einem warmen Ort auf das doppelte Volumen aufgehen lassen.

5 Backofen auf 250 °C vorheizen.

6 Aus dem Teig einen Laib formen, im Mehl wenden. Brot auf ein eingefettetes Blech legen und nochmals 5 Minuten gehen lassen.

7 Kartoffelbrot in der Mitte in den Ofen schieben und zuerst 10 Minuten bei 250 °C und dann weitere 30 Minuten bei 180 °C backen.

GERSTENMALZBROT Seite 51
KARTOFFELBROT

BRÖTCHEN

FLOCKEN-FITNESS-PARTYBROT

40 g Frischhefe
1 TL Malz
1 TL Vollrohrzucker
1 dl/100 ml lauwarme Milch
1 kg Bauernmehl (Mischung aus Dinkel- und Roggenmehl)
1 EL Salz
6 dl/600 ml Milch oder Buttermilch
150 g Weizen- oder grobe Haferflocken
1 Eigelb

1 Hefe, Malz und Zucker mit lauwarmer Milch verrühren.

2 Mehl und Salz in einer Schüssel mit dem Schneebesen auflockern. Übrige Zutaten – ohne Flocken und Eigelb – zugeben und zu einem geschmeidigen, kompakten Teig kneten. Teigschüssel mit feuchtem Tuch zudecken. Teig an einem warmen Ort auf das doppelte Volumen aufgehen lassen. Nochmals gut kneten, ein paarmal klopfen. Flocken und Eigelb vermengen und in den Teig kneten.

3 Aus dem Teig eine gleichmäßige Rolle formen und diese in 19 Portionen von je 90 g teilen, daraus Kugeln formen und diese auf ein mit Backpapier belegtes Blech legen: an die erste Kugel sechs weitere Kugeln drücken, mit restlichen Kugeln einen zweiten Kreis bilden, leicht andrücken. Kugeln mit Wasser bestreichen und 15 Minuten gehen lassen.

4 Backofen auf 250 °C aufheizen, dann auf 220 °C zurückstellen.

5 Partybrot in der Mitte in den Ofen schieben und bei 220 °C etwa 30 Minuten backen.

TIPP Vor dem Backen mit Nüssen, Mohn-/Leinsamen oder Haferflocken bestreuen.

OLIVENBRÖTCHEN

FÜR 16 BRÖTCHEN

20 g Frischhefe
1 TL Honig
1 dl/100 ml Wasser
200 g Weizenvollkornmehl
200 g Dinkelvollkornmehl
1½ TL Salz
1 Umdrehung schwarzer Pfeffer
4 EL Olivenöl
2 Knoblauchzehen
2 EL Provencekräuter
1,8 dl/180 ml Wasser
100 g entsteinte schwarze Oliven, grob gehackt

1 Hefe mit Honig und Wasser verrühren.

2 Mehle in einer Schüssel mischen und eine Vertiefung drücken. Hefeflüssigkeit in die Vertiefung gießen, 1 Esslöffel Mehl unterrühren. Schüssel mit feuchtem Tuch zudecken, Vorteig an einem warmen Ort 15 Minuten gehen lassen.

3 Salz, Pfeffer, Olivenöl, durchgepressten Knoblauch und Provencekräuter unter den Vorteig rühren. Wasser zugeben, zu einem Teig zusammenfügen. Teig auf der Arbeitsfläche 10 Minuten von Hand oder 5 Minuten in der Teigknetmaschine kneten. Der Teig soll weich sein. Oliven einkneten. Schüssel mit feuchtem Tuch zudecken. Teig an einem warmen Ort auf das doppelte Volumen aufgehen lassen.

4 Backofen auf 250 °C vorheizen.

5 Teig in 16 Portionen teilen und Brötchen formen. Brötchen auf ein eingefettetes Blech legen. Nochmals 8 Minuten gehen lassen.

6 Olivenbrötchen in der Mitte in den Ofen schieben und bei 250 °C 10 Minuten backen.

MOHNBRÖTCHEN Seite 61
QUINOABRÖTCHEN Seite 60
OLIVENBRÖTCHEN

QUINOABRÖTCHEN

FÜR 15 BRÖTCHEN

100 g Quinoa
2½ dl/250 ml Wasser
15 g Frischhefe
1 TL Honig
1 dl/100 ml Wasser
400 g Dinkelvollkornmehl
2½ EL Mohnsamen
1½ TL Salz
2 dl/200 ml Milch
2 EL Dinkelvollkornmehl
2 EL Quinoa
4 EL Milch

1 Quinoa (100 g) mit Wasser aufkochen, auf der ausgeschalteten Wärmequelle zugedeckt ausquellen lassen.

2 Hefe, Honig und Wasser verrühren. Mehl und Mohnsamen in einer Schüssel mischen, eine Vertiefung drücken. Hefeflüssigkeit in die Vertiefung gießen, 1 Teelöffel Mehl unterrühren. Schüssel mit feuchtem Tuch zudecken, Vorteig 15 Minuten gehen lassen.

3 Salz unter den Vorteig rühren. Milch und Quinoa zugeben, zu einem Teig zusammenfügen. Teig auf der Arbeitsfläche 10 Minuten von Hand oder 5 Minuten in der Teigknetmaschine kneten. Der Teig muss weich sein. Schüssel mit feuchtem Tuch zudecken, Teig an einem warmen Ort auf das doppelte Volumen aufgehen lassen.

4 Backofen auf 250 °C vorheizen.

5 Dinkelmehl (2 EL) und Quinoa (2 EL) mischen. Teig in 15 Portionen teilen, Kugeln formen und diese leicht flach drücken. Zuerst in der Milch und dann in der Mehlmischung drehen. Brötchen auf ein eingefettetes Blech legen, 10 Minuten gehen lassen.

6 Quinoabrötchen in der Mitte in den Ofen schieben und zuerst 10 Minuten bei 250 °C und weitere 5 Minuten bei 180 °C backen.

Abbildung Seite 59

MOHNBRÖTCHEN

FÜR 10 BRÖTCHEN

10 g Frischhefe
1 TL Honig
1 dl/100 ml Wasser
400 g Dinkelvollkornmehl
1 TL Salz
1 EL weiche Butter
2 dl/200 ml Wasser
1 Eiweiß
5 EL Mohnsamen

1 Hefe mit Honig und Wasser verrühren.

2 Mehl in eine Schüssel geben und eine Vertiefung drücken. Hefeflüssigkeit in die Vertiefung gießen, 1 Teelöffel Mehl unterrühren. Schüssel mit feuchtem Tuch zudecken. Vorteig an einem warmen Ort 15 Minuten gehen lassen.

3 Salz unter den Vorteig rühren. Weiche Butter und Wasser unterrühren, zu einem Teig zusammenfügen. Teig auf der Arbeitsfläche 10 Minuten von Hand oder 5 Minuten in der Teigknetmaschine kneten. Der Teig muss weich sein. Schüssel mit feuchtem Tuch zudecken, Teig an einem warmen Ort auf das doppelte Volumen aufgehen lassen.

4 Backofen auf 250 °C vorheizen.

5 Teig etwas ausrollen. Mit einem Messer Teigstücke abtrennen und daraus Kugeln formen, auf ein eingefettetes Blech legen. Nochmals 8 bis 10 Minuten gehen lassen.

6 Von der Mitte ausgehend die Brötchen mit einem scharfen Messer strahlenförmig einschneiden. Brötchen mit Eiweiß einpinseln und mit den Mohnsamen bestreuen.

7 Mohnbrötchen in der Mitte in den Ofen schieben und zuerst 5 Minuten bei 250 °C und dann weitere 5 bis 7 Minuten bei 180 °C backen.

Abbildung Seite 59

SCHLANGENBROT

4 EL Leinsamen
1 dl/100 ml Wasser
15 g Frischhefe
1 TL Honig
1 dl/100 ml Milch
600 g Weizenvollkornmehl
1½ TL Salz
3 EL Sonnenblumenöl
2,7 dl/270 ml Milch

1 Leinsamen über Nacht in wenig Wasser einweichen. Wasser abgießen.

2 Hefe mit Honig und Milch verrühren.

3 Mehl und Salz in einer Schüssel mischen, Leinsamen und Sonnenblumenöl unterrühren, eine Vertiefung formen. Hefeflüssigkeit in die Vertiefung gießen, 1 Teelöffel Mehl unterrühren. Schüssel mit feuchtem Tuch zudecken. Vorteig an einem warmen Ort 15 Minuten gehen lassen.

4 Restliche Milch zum Mehl geben und zu einem Teig zusammenfügen. Teig auf der Arbeitsfläche 10 Minuten von Hand oder 5 Minuten in der Teigknetmaschine kneten. Der Teig muss fest und eher etwas zäh sein. Schüssel mit einem feuchten Tuch zudecken, Teig an einem warmen Ort auf das doppelte Volumen aufgehen lassen. Oder den Teig im Wald aufgehen lassen.

5 Aus dem Teig 2 bis 3 cm dicke Rollen formen und um einen mitteldicken, noch grünen Ast wickeln.

6 Schlangenbrot über die Glut halten, nicht über das direkte Feuer, 15 bis 20 Minuten backen. Das Brot ist fertig gebacken, wenn es rundum braun bis dunkelbraun ist! Mit einer gebratenen Wurst schmeckt dieses Brot köstlich!

ANISKRANZ

10 g Frischhefe
1 TL Honig
1 dl/100 ml Wasser
400 g Dinkelvollkornmehl
½ TL Fenchelsamen
1 TL Anispulver
½ TL Anissamen
1 TL Salz
1,8 dl/180 ml Milch

Dinkelvollkornmehl

1 Hefe mit Honig und Wasser verrühren.

2 Mehl, Fenchelsamen, Anispulver und Anissamen in einer Schüssel mischen und eine Vertiefung drücken. Hefeflüssigkeit in die Vertiefung gießen, 1 Teelöffel Mehl unterrühren. Schüssel mit feuchtem Tuch bedecken. Vorteig an einem warmen Ort 15 Minuten gehen lassen.

3 Salz unter den Vorteig rühren, Milch zugeben, zu einem Teig zusammenfügen. Teig auf der Arbeitsfläche 10 Minuten von Hand oder 5 Minuten in der Teigknetmaschine kneten. Der Teig muss weich sein. Die Schüssel mit feuchtem Tuch zudecken. Teig an einem warmen Ort auf doppeltes Volumen aufgehen lassen.

4 Teig nochmals kneten. Die Schüssel mit feuchtem Tuch zudecken. Teig ein weiteres Mal auf das doppelte Volumen aufgehen lassen. Der Teig wird durch das zweimalige Gehenlassen besonders luftig.

5 Backofen auf 250 °C vorheizen.

6 Teig in 7 Portionen teilen, Kugeln formen. Kugeln im Mehl drehen und mit «Verschluss» nach oben kranzförmig auf ein eingefettetes Blech legen. Nochmals 5 Minuten gehen lassen.

7 Aniskranz in der Mitte in den Ofen schieben und zuerst 10 Minuten bei 250 °C und weitere 30 Minuten bei 180 °C backen.

KERNE-SAMEN-BRÖTCHEN

FÜR 10 BRÖTCHEN

5 EL Leinsamen
1 dl/100 ml Wasser
15 g Frischhefe
1 TL Honig
1 dl/100 ml Wasser
400 g Dinkelvollkornmehl
1½ TL Salz
1 EL Sesamsamen
1 EL Mohnsamen
1 EL Sonnenblumenkerne
2 EL Kürbiskerne

1 Leinsamen über Nacht im Wasser einweichen.

2 Hefe mit Honig und Wasser verrühren.

3 Mehl in eine Schüssel füllen und eine Vertiefung drücken. Hefeflüssigkeit in die Vertiefung gießen, 1 Teelöffel Mehl unterrühren. Schüssel mit einem feuchten Tuch zudecken. Vorteig an einem warmen Ort 15 Minuten gehen lassen.

4 Salz unter den Vorteig rühren. Leinsamen mit Flüssigkeit zugeben, zu einem Teig zusammenfügen. Teig am besten in der Teigknetmaschine 4 Minuten kneten. Nun Samen und Kerne in den Teig einarbeiten. Schüssel mit einem feuchten Tuch zudecken, Vorteig an einem warmen Ort auf das doppelte Volumen aufgehen lassen.

5 Backofen auf 230 °C vorheizen.

6 Teig in 10 Portionen teilen, Kugeln formen und diese mehlen. Auf ein eingefettetes Blech legen und nochmals 10 Minuten gehen lassen.

7 Brötchen in der Mitte in den Ofen schieben und bei 230 °C 10 bis 12 Minuten backen.

LUFTIGE BRÖTCHEN Seite 69
VOLLKORNBRÖTCHEN MIT DÖRRFRÜCHTEN Seite 68
KERNE-SAMEN-BRÖTCHEN
QUARKBRÖTCHEN Seite 70

VOLLKORNBRÖTCHEN MIT DÖRRFRÜCHTEN

2 dl/200 ml Rotwein
2 EL Zwetschgen- oder Kirschwasser
170 g zerkleinerte, gemischte Dörrfrüchte
1 Bio-Zitrone, abgeriebene Schale und Saft
1 TL Spekulatiusgewürz
½ TL Zimtpulver
2 Prisen Vanillepulver
300 g Roggenvollkornmehl
300 g Dinkelvollkornmehl
30 g Frischhefe
1 EL Honig
1 dl/100 ml lauwarmes Wasser
1 ½ TL Salz
2 dl/200 ml Wasser
80 g Nüsse, grob gehackt

Roggenmehl, zum Drehen

1 Rotwein und Zwetschgenwasser in ein Schüsselchen gießen. Dörrfrüchte, Zitronenschale und -saft sowie Gewürze zugeben und vermengen, über Nacht stehen lassen.

2 Mehle in einer Schüssel mischen und eine Vertiefung drücken. Hefe, Honig und Wasser verrühren und in die Vertiefung gießen, 2 Esslöffel Mehl unterrühren. Schüssel mit feuchtem Tuch zudecken. Vorteig an einem warmen Ort 15 Minuten gehen lassen.

3 Salz und Wasser unter den Vorteig rühren, zu einem Teig zusammenfügen. Teig auf der Arbeitsfläche 10 Minuten von Hand oder 5 Minuten in der Teigknetmaschine kneten. Dörrfrüchte und Nüsse einkneten. Teigschüssel mit feuchtem Tuch zudecken. Teig an einem warmen Ort auf das doppelte Volumen aufgehen lassen.

4 Backofen auf 250 °C vorheizen.

5 Teig in 22 Portionen teilen, Kugeln formen und diese in wenig Roggenmehl drehen, auf ein eingefettetes Blech legen. Brötchen nochmals 5 bis 10 Minuten gehen lassen.

6 Brötchen in der Mitte in den Ofen schieben und zuerst 5 Minuten bei 250 °C und weitere 25 bis 30 Minuten bei 180 °C backen.

Abbildung Seite 67

LUFTIGE BRÖTCHEN

FÜR 16 BRÖTCHEN

10 g Frischhefe
1 TL Honig
1 dl/100 ml Wasser
400 g Weizenweißmehl
1 TL Salz
1 EL Butter
2 dl/200 ml Wasser

1 Die Hefe mit Honig und Wasser verrühren.

2 Mehl in eine Schüssel geben und eine Vertiefung formen. Hefeflüssigkeit in die Vertiefung gießen, 1 Teelöffel Mehl unterrühren. Schüssel mit feuchtem Tuch zudecken. Vorteig an einem warmen Ort 15 Minuten gehen lassen.

3 Salz unter den Vorteig rühren. Butter und Wasser ebenfalls unterrühren, zu einem Teig zusammenfügen. Teig auf der Arbeitsfläche 10 Minuten von Hand oder 5 Minuten in der Teigknetmaschine kneten. Schüssel mit feuchtem Tuch zudecken. Teig an einem warmen Ort auf doppeltes Volumen aufgehen lassen.

4 Teig nochmals durchkneten, wieder gehen lassen, diesen Vorgang 4-mal wiederholen.

5 Backofen auf 250 °C vorheizen.

6 Aus dem Teig eine Rolle formen und diese in 16 Portionen teilen. Teigstücke sorgfältig zu Kugeln formen. Brötchen auf ein eingefettetes Blech legen, 10 Minuten gehen lassen.

7 Brötchen in der Mitte in den Ofen schieben und zuerst 8 Minuten bei 250 °C und dann weitere 5 Minuten bei 180 °C backen. Nach dem Backen nochmals mit Wasser besprühen.

Abbildung Seite 67

QUARK-BRÖTCHEN

FÜR 10 BIS 12 BRÖTCHEN

15 g Frischhefe
1 TL Honig
1 dl/100 ml Wasser
200 g Dinkelvollkornmehl
100 g Roggenvollkornmehl
1 TL Salz
100 g Vollmilch- oder Rahmquark/-sahne
½ dl/50 ml Milch

1 Hefe mit Honig und Wasser verrühren.

2 Mehle in einer Schüssel mischen und eine Vertiefung drücken. Hefeflüssigkeit in die Vertiefung gießen, 1 Teelöffel Mehl unterrühren. Schüssel mit einem feuchten Tuch zudecken, Vorteig an einem warmen Ort 15 Minuten gehen lassen.

3 Salz unter den Vorteig rühren. Quark und Milch zugeben, zu einem Teig zusammenfügen. Teig auf der Arbeitsfläche 10 Minuten von Hand oder 5 Minuten in der Teigknetmaschine kneten. Der Teig muss weich sein. Schüssel mit einem feuchten Tuch zudecken, Teig an einem warmen Ort auf das doppelte Volumen aufgehen lassen.

4 Backofen auf 230 °C vorheizen.

5 Aus dem Teig eine Rolle von 5 cm Durchmesser drehen. Rolle mit einem scharfen Messer in 12 mm dicke Scheiben schneiden, auf ein mit Backpapier belegtes Blech legen. Nochmals 8 Minuten gehen lassen. Eventuell mit Wasser einstreichen.

6 Quarkbrötchen in der Mitte in den Ofen schieben und bei 230 °C 5 bis 10 Minuten backen.

Abbildung Seite 67

SULTANINEN-NUSS-BRÖTCHEN

FÜR 12 BRÖTCHEN

30 g Frischhefe
2,2 dl/220 ml Kuh- oder Sojamilch
150 g Dinkelvollkornmehl
150 g Dinkelruchmehl
2 TL Akazienblütenhonig
3 EL Baum-/Walnussöl oder Olivenöl
1 Msp Salz
1 Msp Vanillemark (Schote) oder naturreines Vanillepulver
100 g Baum-/Walnusskerne
60 g Sultaninen

Milch, zum Bestreichen
gehackte Baum-/Walnusskerne

1 Sultaninen 1 bis 2 Stunden in Wasser einweichen.

2 Mehle in einer Schüssel mischen. Hefe in der Milch auflösen, zusammen mit Honig, Öl, Salz und Vanillepulver zum Mehl geben und zu einem Teig zusammenfügen. Teig auf der Arbeitsfläche 10 Minuten von Hand kneten oder 5 Minuten mit dem Knethaken in der Küchenmaschine auf kleinster Stufe. Schüssel mit einem feuchten Tuch zudecken. Teig etwa 30 Minuten gehen lassen, bis er das doppelte Volumen hat.

3 Baumnüsse und Sultaninen in den Teig kneten. Teig in 12 Portionen teilen, Brötchen formen. Teigkugeln auf ein mit Backpapier belegtes Blech legen, mit Milch bestreichen und mit gehackten Nüssen bestreuen. Oberfläche einmal einschneiden. 15 Minuten gehen lassen.

4 Backofen auf 200 °C vorheizen.

5 Blech auf zweitunterster Schiene in den Ofen schieben, Brötchen bei 200 °C 20 bis 25 Minuten backen.

PIZZABRÖTCHEN

FÜR 10 BIS 12 BRÖTCHEN

15 g Frischhefe
1 TL Honig
1½ dl/150 ml lauwarmes Wasser
200 g Dinkelruchmehl
100 g Dinkelvollkornmehl
50 g feines Reismehl
½ TL Kräutermeersalz

FÜLLUNG

100 g Raclettekäse
50 g Bergkäse
50 g Emmentaler
je 1 TL gehackter Oregano und Thymian
wenig Rosmarin
10 entsteinte schwarze Oliven

1 Hefe, Honig und Wasser verrühren.

2 Mehle und Kräutersalz mischen und eine Vertiefung drücken. Hefeflüssigkeit in die Vertiefung gießen, nach und nach Mehl unterrühren. Teig 10 Minuten von Hand oder 3 bis 5 Minuten in der Teigknetmaschine kneten. Schüssel mit einem feuchten Tuch zudecken. Teig bei Zimmertemperatur auf das doppelte Volumen aufgehen lassen.

3 Käse in Würfelchen schneiden. Oliven hacken. Käse, Kräuter und Oliven in den Teig einarbeiten.

4 Backofen auf 220 °C vorheizen.

5 Teig zu einer Rolle formen, in Portionen teilen und Brötchen formen, auf ein eingefettetes Blech legen und mit Wasser einpinseln. 10 Minuten gehen lassen.

6 Pizzabrötchen in der Mitte in den Ofen schieben und bei 220 °C 15 bis 20 Minuten backen.

NUSS-THYMIAN-BRÖTCHEN

FÜR 12 BIS 15 BRÖTCHEN

500 g Dinkelvollkornmehl oder halb Dinkelvollkorn-/halb Dinkelruchmehl
42 g Frischhefe
1 TL Honig
3 dl/300 ml lauwarmes Wasser
2½ TL Salz
200 g Baum-/Walnusskerne
1 Bund Thymian, Blättchen abgezupft und gehackt
2 EL Baumnuss-/Walnussöl

1 Eine Handvoll Nüsse hacken, restliche Nüsse fein reiben.

2 Mehl in eine Schüssel geben und eine Vertiefung drücken. Hefe und Honig in 1 dl/100 ml lauwarmem Wasser auflösen und in die Vertiefung gießen, 2 Esslöffel Mehl unterrühren. Schüssel mit feuchtem Tuch zudecken. Vorteig 15 Minuten gehen lassen.

3 Restliches Wasser, Salz, geriebene und gehackte Nüsse, Thymian und Nussöl zum Vorteig geben und zu einem Teig zusammenfügen, auf der Arbeitsfläche 10 Minuten von Hand oder in der Rührschüssel der Küchenmaschine etwa 5 Minuten mit dem Knethaken auf kleinster Stufe kneten. Schüssel mit einem feuchten Tuch zudecken. Teig bei Zimmertemperatur 1 Stunde gehen lassen. Kurz kneten.

4 Teig in 12 bis 15 Portionen teilen, Kugeln oder Ovale formen und gut mehlen. Auf ein mit Backpapier belegtes Blech legen. Nochmals 10 Minuten gehen lassen.

5 Backofen auf 210 °C vorheizen.

6 Nuss-Thymian-Brötchen auf der zweituntersten Schiene in den Ofen schieben und bei 210 °C 15 bis 20 Minuten backen.

KARTOFFEL-BRÖTCHEN

FÜR 15 BRÖTCHEN

300 g mehligkochende Kartoffeln
550 g Dinkelruchmehl
1 ½ dl/150 ml handwarme Milch
20 g Frischhefe
1 TL Zucker
60 g Roggenvollkornmehl
10 g Salz

100 g gebratene Speckwürfelchen
100 g gedünstete Zwiebelstreifen
100 g Baum-/Walnusskerne

Mohnsamen
getrocknete Provencekräuter
Sesamsamen

1 Kartoffeln in der Schale im Dampf weich garen. Noch heiß schälen und durchs Passevite/die Flotte Lotte in eine Schüssel drehen. 100 g Dinkelmehl darüberstreuen. Milch und die mit Zucker verrührte Hefe zufügen, gut verrühren. Schüssel mit feuchtem Tuch zudecken. Vorteig etwa 1 Stunde bei Zimmertemperatur gehen lassen.

2 Restliches Dinkel- und Roggenmehl mit Salz mischen und zum Vorteig geben und zu einem Teig zusammenfügen. 10 bis 15 Minuten von Hand kneten oder 5 Minuten in der Teigmaschine. Schüssel mit einem feuchten Tuch zudecken. Teig bei Zimmertemperatur 30 Minuten gehen lassen.

3 Brotteig in 3 Portionen teilen (Waage). Speckwürfelchen, Zwiebeln und Nüsse in je eine Teigportion kneten, jede Portion in 5 Portionen teilen (Waage) und daraus Kugeln formen. Kurz in heißes Wasser tauchen und in Mohnsamen, Kräutern oder Sesamsamen drehen. Kugeln kranzförmig auf ein mit Backpapier belegtes Blech legen. Weitere 10 Minuten gehen lassen.

4 Backofen auf 220 °C vorheizen.

5 Brotkranz auf der untersten Schiene in den Ofen schieben und bei 220 °C 15 Minuten backen.

VARIANTE Brotteig in 3 Portionen teilen. Aus jeder Teigportion eine etwa 30 cm lange Rolle formen. Auf ein mit Backpapier belegtes Blech legen und 10 Minuten ruhen lassen. Brot auf der untersten Schiene in den auf 220 °C vorgeheizten Ofen schieben und 45 Minuten backen.

FÜR BESONDERE ANLÄSSE

MAISBAGUETTES

FÜR 3 BAGUETTES

20 g Frischhefe
1 EL flüssiger Honig
1 dl/100 ml lauwarmes Wasser
350 g Dinkelweißmehl
150 g feines Maismehl
1 TL Salz
50 g ausgekühlte flüssige Butter
2–2½ dl/200–250 ml Milch

Maismehl, zum Bestäuben

1 Hefe und Honig im Wasser auflösen.

2 Mehle und Salz mischen, eine Vertiefung drücken. Hefeflüssigkeit hineingießen und 2 bis 3 Esslöffel Mehl unterrühren. Schüssel mit einem feuchten Tuch zudecken. Teig bei Zimmertemperatur 15 Minuten gehen lassen.

3 Flüssige Butter und Milch zum Vorteig geben, zu einem weichen, glatten Teig kneten. Schüssel mit einem feuchten Tuch zudecken. Teig bei Zimmertemperatur auf das doppelte Volumen aufgehen lassen.

4 Teig in 3 Portionen teilen, jede Portion zu einem länglichen Laib formen, auf ein mit Backpapier belegtes Blech legen. Mit Maismehl bestäuben. Oberfläche mit einem Messer einige Male 7 mm tief einschneiden. Nochmals 15 Minuten gehen lassen.

5 Backofen auf 210 °C vorheizen.

6 Maisbaguettes in der Mitte in den Ofen schieben und zuerst 10 Minuten bei 210 °C und danach 10 bis 15 Minuten bei 150 °C backen.

FEINES HEFEBROT

15 g Frischhefe
1 TL Honig
1 dl/100 ml Milch
500 g Weizenweißmehl
1 ½ TL Salz
2,2 dl/220 ml Milch
75 g Butter

1 Hefe mit Honig und Milch verrühren.

2 Mehl in eine Schüssel füllen und eine Vertiefung drücken. Hefeflüssigkeit in die Vertiefung gießen und 1 Teelöffel Mehl unterrühren. Schüssel mit einem feuchten Tuch zudecken, Vorteig an einem warmen Ort 15 Minuten gehen lassen.

3 Salz unter den Vorteig rühren. Milch und Butter in einer Pfanne leicht erwärmen, bis die Butter flüssig ist. Milchbutter zum Vorteig geben, zu einem Teig zusammenfügen. Teig auf der Arbeitsfläche 15 Minuten von Hand oder 5 Minuten in der Teigknetmaschine kneten. Der Teig soll elastisch und weich sein. Schüssel mit einem feuchten Tuch zudecken, Teig an einem warmen Ort auf das doppelte Volumen aufgehen lassen.

4 Teig halbieren und 4 bis 5 cm dicke Rollen formen und zu einem Brot schlingen. Brot auf das eingefettete Blech legen, nochmals 8 Minuten gehen lassen. Brot mit Blech 10 Minuten in den Kühlschrank stellen. Durch den Kälteschock bekommt das Gebäck eine sehr schöne Form. Mit Eigelb bepinseln.

5 Backofen auf 200 °C vorheizen.

6 Brot in der Mitte in den Ofen schieben und bei 200 °C 35 bis 40 Minuten backen.

VARIANTE Teig halbieren, lange Rollen formen und zu einem Zopf flechten.

HELLES MILCHBROT

**FÜR EINE CAKE-/
KASTENFORM
VON 20–23 CM LÄNGE**

15 g Frischhefe
1 TL Honig
1 dl/100 ml Milch
450 g Weizenweißmehl
1½ TL Salz
1 Ei
1,2 dl/120 ml Milch

1 Hefe mit Honig und Milch verrühren.

2 Mehl und Salz in einer Schüssel mischen, eine Vertiefung drücken. Hefeflüssigkeit in die Vertiefung gießen, 1 Teelöffel Mehl unterrühren. Schüssel mit feuchtem Tuch zudecken, Vorteig an einem warmen Ort 15 Minuten gehen lassen.

3 Ei und Milch unter den Vorteig rühren, zu einem Teig zusammenfügen. Teig auf der Arbeitsfläche 8 Minuten von Hand oder 5 Minuten in der Teigknetmaschine kneten. Der Teig muss glatt und elastisch sein. Schüssel mit feuchtem Tuch zudecken. Teig an einem warmen Ort auf doppeltes Volumen aufgehen lassen.

4 Backofen auf 230 °C vorheizen.

5 Teig in die eingefettete Form füllen und nochmals 10 Minuten gehen lassen.

6 Milchbrot in der Mitte in den Ofen schieben und zuerst 10 Minuten bei 230 °C und dann weitere 15 Minuten bei 180 °C backen. Brot aus der Form nehmen und nochmals 10 Minuten bei 180 °C backen.

DINKELTOASTBROT Seite 86
HELLES MILCHBROT

DINKELTOASTBROT

FÜR EINE CAKE-/ KASTENFORM VON 20–23 CM LÄNGE

15 g Frischhefe
1 TL Honig
1 dl/100 ml Wasser
200 g Dinkelvollkornmehl
200 g Dinkelweißmehl
1 TL Salz
50 g weiche Butter
1,6 dl/160 ml Wasser

1 Hefe mit Honig und Wasser verrühren.

2 Mehle in einer Schüssel mischen und eine Vertiefung drücken. Hefeflüssigkeit in die Vertiefung gießen, 1 Teelöffel Mehl unterrühren. Schüssel mit feuchtem Tuch zudecken. Vorteig an einem warmen Ort 15 Minuten gehen lassen.

3 Salz unter den Vorteig rühren, weiche Butter und Wasser zugeben, zu einem Teig zusammenfügen. Teig auf der Arbeitsfläche 10 Minuten von Hand oder 5 Minuten in der Teigknetmaschine kneten. Der Teig muss weich und leicht feucht sein. Schüssel mit feuchtem Tuch zudecken. Teig an einem warmen Ort auf das doppelte Volumen aufgehen lassen.

4 Backofen auf 180 °C vorheizen.

5 Teig in die eingefettete Cakeform füllen. Nochmals 10 Minuten gehen lassen.

6 Dinkeltoastbrot in der Mitte in den Ofen schieben und bei 180 °C 50 Minuten backen. Brot aus der Form nehmen und nochmals 10 Minuten bei 180 °C backen.

Abbildung Seite 85

BRIOCHES

FÜR 10 BRIOCHES

10 g Frischhefe
1 TL Honig
1 dl/100 ml Milch
300 g Dinkelweißmehl
½ TL Salz
1 EL flüssiger Honig
2 Eier
150 g weiche Butter

Butter, für die Förmchen
1 verquirltes Ei

1 Hefe mit Honig und Milch verrühren.

2 Mehl in eine Schüssel geben und eine Vertiefung formen. Hefeflüssigkeit in die Vertiefung gießen, 1 Teelöffel Mehl unterrühren. Schüssel mit einem feuchten Tuch zudecken, Vorteig an einem warmen Ort 15 Minuten gehen lassen.

3 Salz unter den Vorteig rühren, Honig, Eier und weiche Butter zugeben, zu einem Teig zusammenfügen. Teig mit einem Handrührgerät oder in der Teigknetmaschine 5 bis 8 Minuten kneten. Da der Teig sehr weich ist, sollte er nicht von Hand geknetet werden. Schüssel mit feuchtem Tuch zudecken. Teig an einem warmen Ort auf das doppelte Volumen aufgehen lassen.

4 Förmchen mit Butter einfetten.

5 Teig zu einer Rolle drehen, in je 10 größere und kleinere, etwa haselnussgroße Portionen teilen. Die größeren Teigstücke zu einem Oval, die kleineren zu einer Kugel mit Hals formen. Das Oval in die Form legen und mit dem Zeigefinger ein Loch bohren. Kugel mit dem Hals kurz ins Wasser tauchen und in die Vertiefung stecken. Brioches nochmals 15 Minuten gehen lassen. Kurz vor dem Backen mit Ei einpinseln.

6 Backofen auf 220 °C vorheizen.

7 Brioches in der Mitte in den Ofen schieben und bei 200 °C 20 Minuten backen.

Abbildung Seite 89

SÜSSES ROSINENBROT

10 g Frischhefe
1 TL Honig
1 dl/100 ml Milch
400 g Weizenweißmehl
1 TL Salz
2½ EL flüssiger Honig
2 dl/200 ml Milch
100 g Rosinen

3 EL Rahm/Sahne,
zum Einpinseln

1 Hefe mit Honig und Milch verrühren.

2 Mehl in eine Schüssel füllen und eine Vertiefung formen. Hefeflüssigkeit in die Vertiefung gießen, 1 Teelöffel Mehl unterrühren. Schüssel mit feuchtem Tuch zudecken, Vorteig an einem warmen Ort 15 Minuten gehen lassen.

3 Salz unter den Vorteig rühren. Honig und Milch verrühren und zum Vorteig geben, zu einem Teig zusammenfügen. Teig auf der Arbeitsfläche 10 Minuten von Hand oder 5 Minuten in der Teigknetmaschine kneten. Der Teig soll eine feine Struktur bekommen. Rosinen in den Teig einarbeiten. Schüssel mit feuchtem Tuch zudecken, Teig an einem warmen Ort auf das doppelte Volumen aufgehen lassen. Weil der Teig relativ viel Honig enthält, benötigt er zum Aufgehen mehr Zeit, etwa 2 Stunden.

4 Backofen auf 230 °C vorheizen.

5 Teig zu einer Kugel formen und diese etwas flach drücken. Nochmals 10 Minuten gehen lassen.

6 Für die Verzierung mit einem Glas eine Vertiefung in die Kugel drücken. Mit einem Messer rund um den Ring 8 Einschnitte machen oder den Teig kreuzartig einschneiden.

7 Rosinenbrot in der Mitte in den Ofen schieben und 10 Minuten bei 230 °C und weitere 45 Minuten bei 180 °C backen. Das noch heiße Brot mit Rahm einpinseln.

BRIOCHES Seite 87
SÜSSES ROSINENBROT

PFLAUMENBROT

MIT SCHOKOLADE UND HASELNÜSSEN

FÜR EINE CAKEFORM VON 26 CM LÄNGE

20 g Frischhefe
3 dl/300 ml lauwarme Milch
60 g flüssige Butter
500 g Dinkelhalbweißmehl
1½ TL Salz
200 g entsteinte Pflaumen
1 dl/100 ml Apfelsaft
150 g Zartbitterschokolade, gehackt
80 g ganze Haselnüsse
1 Msp Zimtpulver
1 Bio-Zitrone, abgeriebene Schale

Butter, für die Form
1 TL flüssiger Honig
1 TL Wasser

1 Pflaumen etwa 2 Stunden im Apfelsaft einweichen.

2 Hefe mit Milch und flüssiger Butter verrühren.

3 Mehl und Salz in einer Schüssel mischen, eine Vertiefung drücken. Hefeflüssigkeit hineingießen, zu einem Teig zusammenfügen. Teig auf der Arbeitsfläche 10 Minuten von Hand oder 3 bis 5 Minuten in der Teigknetmaschine kneten. Der Teig soll elastisch und weich sein. Schüssel mit einem feuchten Tuch zudecken. Teig bei Zimmertemperatur auf das doppelte Volumen aufgehen lassen.

4 Pflaumen, Schokolade, Nüsse, Zimt und Zitronenschale in den Teig kneten. Teig zu einer Rolle von 28 bis 30 cm Länge formen. S-förmig in die eingefettete Cakeform legen. Nochmals 15 Minuten gehen lassen.

5 Backofen auf 180 °C vorheizen.

6 Honig und Wasser verrühren, Teigoberfläche damit einpinseln.

7 Pflaumenbrot in der Mitte in den Ofen schieben und bei 180 °C 40 bis 45 Minuten backen.

VARIANTE Zartbitterschokolade durch Milchschokolade ersetzen.

VOLLKORN-BUTTERZOPF

FÜR 1 BIS 2 ZÖPFE

400 g Dinkelvollkornmehl
350 g Dinkelvollkornmehl, Kleie ausgesiebt
2 TL Salz
120 g flüssige Butter, lauwarm
1 EL Honig
42 g Frischhefe
3 dl/300 ml Wasser, lauwarm
1 dl/100 ml Halbrahm/Sahne, lauwarm

1 EL Rahm/Sahne, zum Anstreichen
wenig Honig, zum Anstreichen

BRIOCHES

Hagebuttengelee
Rahm/Sahne
Mandelblättchen

BRÖTCHEN

Rahm/Sahne
Mohn- oder Sesamsamen

1 Honig und Hefe im lauwarmen Wasser auflösen.

2 Mehle und Salz in einer Schüssel mischen, eine Vertiefung drücken. Butter, Hefeflüssigkeit und Rahm in die Vertiefung gießen, zu einem Teig zusammenfügen. Teig kräftig kneten. Der Teig soll Blasen werfen und sich leicht von der Schüssel lösen. Schüssel mit einem feuchten Tuch zudecken. Teig bei Zimmertemperatur auf knapp das doppelte Volumen aufgehen lassen.

3 Teig nochmals kneten. Wenn er zu feucht ist, ein wenig gesiebtes Mehl einkneten. Der Zopfteig soll geschmeidig sein, nicht zu weich und auch nicht zu fest.

4 Teig in 2 oder 4 Portionen teilen und 50 bis 60 cm lange Rollen drehen, mit der Handfläche rollen, nicht ziehen, da der Teig sonst in die Breite geht. 2 Teigrollen zu einem Zopf flechten und auf ein mit Backpapier belegtes Blech legen. Zugedeckt 10 Minuten gehen lassen. Für eine schöne Farbe Zopf/Zöpfe mit Mischung aus Rahm und Honig einpinseln.

5 Zopf/Zöpfe auf der untersten Schiene in den vorgeheizten Ofen schieben und bei 200 °C rund 40 Minuten backen.

BRIOCHES/BRÖTCHEN Teig in 20 Portionen teilen (abwägen) und Kugeln formen. Auf ein mit Backpapier belegtes Blech legen.
Für die Brioches mit dem Daumen in jede Kugel ein Loch drücken und mit Hagebuttengelee füllen. Kugeln mit Rahm bestreichen und mit Mandelblättchen oder die Brötchen mit Samen bestreuen. In der Mitte in den auf 170 °C vorgeheizten Ofen schieben und 30 Minuten backen.

KARTOFFEL-SPECK-ZOPF

FÜR 1 GROSSEN ODER 2–3 KLEINE ZÖPFE

1 kg Dinkelhalbweißmehl
3 TL Salz
250 g Gschwellti (gekochte Schalenkartoffeln)
20 g Frischhefe
2 dl/200 ml Milch, zimmerwarm
ca. 4½ dl/450 ml Milch, zimmerwarm
150 g Speckwürfelchen

1 Kartoffeln schälen und auf der Röstiraffel reiben. Speckwürfelchen in einer Bratpfanne ohne Fett glasig braten.

2 Mehl und Salz in einer Schüssel mischen, eine Vertiefung drücken. Kartoffeln, Hefe und Milch (2½ dl/250 ml) in die Vertiefung füllen, verrühren, ein wenig Mehl vom Rand darüberstreuen. Vorteig stehen lassen, bis sich im Mehl Risse gebildet haben.

3 Restliche Milch zum Vorteig geben und zu einem weichen, glatten Teig kneten. Speckwürfelchen einkneten. Schüssel mit feuchtem Tuch zudecken, bei Zimmertemperatur auf das doppelte Volumen aufgehen lassen.

4 Teig nochmals kurz kneten, je nach Anzahl Zöpfen in 2, 4 oder 6 Portionen teilen und 50 bis 60 cm lange Rollen drehen, mit der Handfläche rollen, nicht ziehen, da der Teig sonst in die Breite geht. 2 Teigrollen zu einem Zopf flechten und auf ein mit Backpapier belegtes Blech legen. Zugedeckt 20 bis 25 Minuten gehen lassen. Mit Mehl bestäuben.

5 Zopf/Zöpfe in den kalten Ofen schieben. Großen Zopf bei 180 °C 50 bis 60 Minuten, kleine Zöpfe bei 180 °C 40 bis 50 Minuten backen.

GRITTIBÄNZE

FÜR 6–8 GRITTIBÄNZE

200 g Gerstenflocken
100 g Sojaflocken
3 dl/300 ml heißes Wasser
42 g Frischhefe
3½ dl/350 ml Milch, lauwarm
750 g Dinkelhalbweißmehl
2 TL Salz
80 g feiner Vollrohrzucker
1 Bio-Zitrone, abgeriebene Schale
1 Ei, verquirlt

1 Eigelb
wenig Wasser
2 Prisen feiner Vollrohrzucker
1 Prise Salz

GARNITUR

Rosinen
Mandeln
Haselnüsse

1 Gersten- und Sojaflocken mischen, heißes Wasser darübergießen, 2 Stunden quellen lassen.

2 Hefe in der lauwarmen Milch auflösen.

3 Mehl, Salz, Zucker und Zitronenschale in einer Schüssel mischen und mit dem Schneebesen auflockern. Butter und Ei unterrühren, eine Vertiefung formen. Eingeweichte Flocken und Hefeflüssigkeit in die Vertiefung geben, Trockenmasse nach und nach mit der feuchten Masse mischen, kneten, bis der Teig glatt ist. Schüssel mit feuchtem Tuch zudecken. Teig bei Zimmertemperatur auf das doppelte Volumen aufgehen lassen.

4 Restliche Sojaflocken einkneten. Teig auf der bemehlten Arbeitsfläche nochmals kräftig kneten.

5 Aus dem Teig eine gleichmäßige Rolle formen und diese in 6 bis 8 Portionen teilen. Aus den Teigstücken längliche Ovale von etwa 15 cm Länge formen. Mit einer Schere Einschnitte für Kopf, Arme und Beine machen und formen. Augen und Mund mit Rosinen «zeichnen». Mit Nüssen, Kernen und Samen garnieren. Auf mit Backpapier belegte Bleche legen. Grittibänze 30 Minuten gehen lassen. 30 Minuten kühl stellen.

6 Backofen auf 200 °C vorheizen.

7 Eigelb, Wasser, Zucker und Salz verrühren. Grittibänze zweimal damit bestreichen.

8 Grittibänze auf der zweituntersten Schiene in den Ofen schieben und bei 200 °C 35 bis 45 Minuten backen.

SÜSSES MILCHMAISBROT

FÜR 2 BROTE

75 g Butter
2½ dl/250 ml Milch
42 g Frischhefe oder
1 Briefchen Trockenhefe
1 Ei
50 g Zucker oder
2 EL Akazienblütenhonig
100 g Maismehl
400 g Dinkel- oder
Weizenweißmehl
2 TL Salz

1 Butter und Milch leicht erwärmen, bis die Butter geschmolzen ist. Hefe darin auflösen.

2 Ei und Zucker in einer Schüssel verrühren, Hefemilch unterrühren, Mehle und Salz zugeben, zusammenfügen und zu einem Teig kneten, der glatt und elastisch ist. Schüssel mit feuchtem Tuch zudecken. Teig bei Zimmertemperatur auf das doppelte Volumen aufgehen lassen.

3 Teig nochmals kneten. In 2 Portionen teilen und längliche Laibe formen, auf ein mit Backpapier belegtes Blech legen. Weitere 20 bis 30 Minuten zugedeckt gehen lassen. Die Oberfläche mit einem scharfen Messer rautenförmig einschneiden.

4 Milchmaisbrote im vorgeheizten Ofen bei 200 °C rund 40 Minuten backen.

TIPP Brot vor dem Backen 30 Minuten kühl stellen. Es verliert so beim Backen weniger die Form. Oder das Brot in einer Form backen.

5-KORN-FLOCKEN-FRÜCHTEBROT

FÜR EINE CAKE-/KASTENFORM VON 30 CM LÄNGE

100 g getrocknete Aprikosen
100 g getrocknete Zwetschgen
4 EL Rum oder Cognac oder Kirsch
½ dl/50 ml warmes Wasser

250 g 5-Korn-Flocken
2½ dl/250 ml heißes Wasser
2 EL Sonnenblumenöl
42 g Frischhefe
2 EL Dinkelhalbweißmehl
2 dl/200 ml lauwarmes Wasser
400 g Dinkelhalbweißmehl
1½ TL Salz
80 g feiner Vollrohrzucker
1 TL Vanillezucker
100 g ganze Haselnüsse
1 EL Dinkelhalbweißmehl

1 TL Akazienblütenhonig

1 Trockenfrüchte klein schneiden, mit Rum und Wasser vermengen und über Nacht zugedeckt stehen lassen.

2 5-Korn-Flocken mit heißem Wasser übergießen, ungefähr 20 Minuten stehen lassen. Sonnenblumenöl unterrühren.

3 Hefe und 2 Esslöffel Mehl mit lauwarmem Wasser glatt rühren, 20 Minuten quellen lassen.

4 Mehl, Salz, Zucker und Vanillezucker in einer Schüssel mischen, mit Schneebesen lockern. Trockenfrüchte, eingeweichte Flocken und Hefeflüssigkeit zugeben, zu einem weichen, klebrigen Teig kneten. Schüssel mit einem feuchten Tuch zudecken. Teig bei Zimmertemperatur 2 Stunden gehen lassen.

5 Backofen und ein großes rechteckiges Blech auf 230 °C vorheizen. Cakeform gut einfetten.

6 Haselnüsse und Mehl mischen, in den Teig kneten. Teig auf die Länge der Cakeform flach drücken und aufrollen, in die Form legen. Oberfläche mit Wasser bepinseln. Form mit einem feuchten Tuch zudecken. 1 Stunde gehen lassen.

7 Cakeform auf das heiße Backblech stellen und auf der untersten Schiene in den Ofen schieben. Früchtebrot bei 230 °C 10 Minuten backen. Hitze auf 180 °C reduzieren und das Brot weitere 40 Minuten backen. Früchtebrot aus der Form nehmen und nochmals 10 Minuten backen. Mit Honig bestreichen. Etwa 5 Minuten im ausgeschalteten Ofen belassen. Über Nacht ruhen lassen.

SCHNELLES FRÜCHTEBROT

FÜR EINE CAKE-/ KASTENFORM VON 30 CM LÄNGE

125 g Blütenhonig
4 Eier
175 g Dinkel- oder Weizenvollkornmehl
1 TL phosphatfreies Backpulver
2 TL Zimtpulver
175 g grob geriebene oder gehackte Mandeln oder Haselnüsse
200 g getrocknete Feigen, in Streifen
375 g Rosinen
100 g getrocknete Aprikosen, fein gehackt
125 g entsteinte Datteln, gehackt

1 Backofen auf 160 °C vorheizen. Cakeform gut einfetten.

2 Honig und Eier zu einer cremigen, luftigen Masse aufschlagen. Das dauert mindestens 10 Minuten. Mehl, Backpulver und Zimt mischen und unterrühren. Nüsse und Früchte unterrühren. Teig in die Form füllen.

3 Früchtebrot in der Mitte in den Ofen schieben und bei 160 °C 1 Stunde backen. Auskühlen lassen. In Folie einpacken und einige Tage ruhen lassen.

AUS DEN REGIONEN UND AUS ALLER WELT

OLIVEN-FOUGASSE

FÜR 10 BIS 12 STÜCK

20 g Frischhefe
3 dl/300 ml lauwarmes Wasser
1 EL Olivenöl
1 EL Olivenpaste
500 g Dinkelhalbweißmehl
1½ TL Salz
100 g geriebener Gruyère
100 g geriebener Emmentaler

BELAG

50 g entsteinte schwarze Oliven, in Ringen
50 g entsteinte grüne Oliven, in Ringen
50 g grob geriebener Gruyère

1 Hefe, Wasser, Olivenöl und Olivenpaste verrühren.

2 Mehl und Salz in einer Schüssel mischen, eine Vertiefung drücken. Hefeflüssigkeit hineingießen, Mehl nach und nach unterrühren. Teig auf der Arbeitsfläche 10 Minuten von Hand oder 3 bis 5 Minuten in der Teigmaschine kneten. Der Teig soll weich und elastisch sein. Schüssel mit einem feuchten Tuch zudecken. Teig bei Zimmertemperatur auf das doppelte Volumen aufgehen lassen.

3 Gruyère und Emmentaler in den Teig kneten.

4 Backofen auf 200 °C vorheizen.

5 Teig in 10 bis 12 Portionen teilen und handgroße, etwa 5 mm dicke Fladen formen. Diese mit einem scharfen Messer einschneiden (siehe Bild). Auf mit Backpapier belegte Bleche legen. Mit Wasser bepinseln. Oliven auf die Fladen verteilen und mit Gruyère bestreuen.

6 Fougasse in der Mitte in den Ofen schieben und bei 200 °C 20 bis 25 Minuten backen.

KNUSPRIGES FLADENBROT

FÜR 20 STÜCK

5 g Frischhefe
1½ dl/150 ml lauwarme Molke
250 g Dinkelhalbweißmehl
1 TL Salz
1 Msp gemahlener Kreuzkümmel

1 Hefe und Molke glatt rühren.

2 Mehl, Salz und Kreuzkümmel in einer Schüssel mischen, eine Vertiefung drücken. Hefeflüssigkeit hineingießen, Mehl nach und nach unterrühren. Teig auf bemehlter Arbeitsfläche 10 Minuten von Hand oder 3 bis 5 Minuten in der Teigknetmaschine kneten. Der Teig muss weich und elastisch sein. Schüssel mit einem feuchten Tuch zudecken. Teig bei Zimmertemperatur auf das doppelte Volumen aufgehen lassen.

3 Teig in 20 Portionen (je 20 g) teilen. Kugeln formen und diese auf bemehlter Arbeitsfläche hauchdünn ausrollen. Mehl mit einem Pinsel abwischen.

4 Backofen und Bleche auf 200 °C vorheizen. Bei Umluft können gleichzeitig mehrere Fladen gebacken werden.

5 Auf jedes heiße Backblech eine Teigrondelle legen. In den Ofen schieben und bei 200 °C 5 bis 7 Minuten backen. Stapeln und auskühlen lassen. Durch das Erkalten werden die Fladenbrote hart und knusprig.

SIZILIANISCHES OLIVENBROT

700 Dinkel- oder Weizenvollkornmehl
42 g (1 Würfel) Frischhefe
1 TL Akazienblütenhonig
1½ dl/150 ml lauwarmes Wasser
500 g Fleischtomaten
0,7 dl/70 ml Olivenöl
1 mittelgroße Zwiebel, fein gewürfelt
1 TL Salz
250 g entsteinte schwarze Oliven, fein gewürfelt

1 Mehl in eine Schüssel geben und eine Vertiefung drücken. Hefe und Honig im lauwarmen Wasser auflösen, in die Vertiefung gießen. 2 Esslöffel Mehl vom Rand unter die Hefeflüssigkeit rühren. Schüssel mit einem feuchten Tuch zudecken. Vorteig bei Zimmertemperatur 15 Minuten gehen lassen.

2 Tomaten schälen: Bei fester Haut mit dem Sparschäler schälen. Andernfalls an der Spitze kreuzweise einschneiden und in kochendes Wasser tauchen, bis sich die Haut löst. Tomaten mit Schaumlöffel herausnehmen und mit kaltem Wasser abschrecken. Schälen. Stielansatz kreisförmig herausschneiden, Tomaten würfeln und in einem Sieb abtropfen lassen (Saft trinken!).

3 Zwiebeln in 2 EL Olivenöl andünsten.

4 Salz und restliches Olivenöl zum Vorteig geben, zu einem Teig zusammenfügen. Teig von Hand etwa 10 Minuten kneten, in der Teigknetmaschine 4 bis 5 Minuten. Tomaten, Zwiebeln und Oliven einkneten. Schüssel mit feuchtem Tuch bedecken. Teig bei Zimmertemperatur auf das doppelte Volumen aufgehen lassen.

5 Backofen auf 220 °C vorheizen.

6 Hefeteig nochmals leicht kneten. Einen länglichen Laib formen und auf ein mit Backpapier belegtes Blech legen.

7 Olivenbrot in der Mitte in den Ofen schieben und zuerst 15 Minuten bei 220 °C und dann 30 bis 40 Minuten bei 200 °C backen.

NUSSBROT

1½ kg Dinkelruchmehl oder
halb Dinkelruchmehl/
halb Dinkelhalbweißmehl
30 g Salz
25 g Frischhefe
0,6 dl/60 ml Olivenöl
250 g geriebener Sbrinz
6½ dl/650 ml Wasser
250 g Baum-/Walnusskerne

1 Mehl, Salz, zerbröckelte Hefe, Olivenöl und Käse in der Küchenmaschine mit dem Knethaken mischen. Wasser nach und nach zugeben und den Teig auf kleinster Stufe 10 Minuten kneten. Nüsse einkneten.

2 Teig in 8 Portionen teilen und rund formen. Auf ein mit Backpapier belegtes Blech legen. Bei Zimmertemperatur 1 Stunde oder länger gehen lassen.

3 Backofen auf 220 °C vorheizen.

4 Nussbrote auf der zweituntersten Schiene in den Ofen schieben und bei 220 °C 45 Minuten backen.

FOCACCIA

FÜR 6 FOCACCE

350 g Pizza- oder Dinkelweißmehl
50 g feiner Hartweizengrieß
30 g Frischhefe
1 Prise Vollrohrzucker
½ TL Salz
1 EL Olivenöl
2 dl/200 ml lauwarmes Wasser

Schwarzkümmelsamen
gehackte Rosmarinnadeln
schwarze Sesamsamen

1 Mehl und Hartweizengrieß in einer Schüssel mischen, eine Vertiefung drücken. Hefe, Zucker und wenig lauwarmes Wasser in die Vertiefung geben und verrühren, 1 Esslöffel Mehl vom Rand unterrühren. Schüssel mit feuchtem Tuch zudecken. Vorteig 20 Minuten gehen lassen.

2 Salz, Olivenöl und Wasser zugeben und zu einem Teig kneten. Schüssel mit feuchtem Tuch zudecken. Teig auf das doppelte Volumen aufgehen lassen.

3 Backofen auf 200 bis 220 °C vorheizen.

4 Teig in Portionen von etwa 70 g teilen. Kugeln formen und diese flach drücken, auf ein mit Backpapier belegtes Blech legen. Mit Schwarzkümmel, Rosmarin oder Sesam bestreuen.

5 Focacce im vorgeheizten Ofen bei 200 bis 220 °C 10 bis 12 Minuten backen, je nach Teigdicke.

ZUCCHINI-FLADENBROT

FÜR EIN KUCHENBLECH VON 28 CM DURCHMESSER

300 g Dinkelruchmehl
20 g Frischhefe
½ TL Zucker
¼ TL Salz
1 EL Olivenöl
1,8 dl/180 ml Wasser
200 g Zucchini
2–3 EL abgezupfte Thymianblättchen oder gehackte Rosmarinnadeln
½ Bund Basilikum, fein geschnitten

1 Mehl in eine Schüssel geben und eine Vertiefung drücken. Hefe, Zucker und wenig lauwarmes Wasser in die Vertiefung füllen und verrühren, 1 EL Mehl vom Rand unterrühren. Schüssel mit feuchtem Tuch zudecken, Vorteig 20 Minuten gehen lassen.

2 Salz, Olivenöl und Wasser zugeben, zu einem Teig kneten. Schüssel mit feuchtem Tuch zudecken. Teig auf das doppelte Volumen aufgehen lassen.

3 Backofen auf 220 °C vorheizen. Blech mit Backpapier belegen.

4 Zucchini beidseitig kappen und auf einer feinen Reibe reiben, in einem Sieb ausdrücken, mit den Kräutern in den Hefeteig einarbeiten.

5 Teig in das mit Backpapier belegte Blech füllen. Oder aus dem Teig eine Kugel formen und auf ein mit Backpapier belegtes Blech legen.

6 Zucchinifladenbrot im vorgeheizten Backofen bei 220 °C 20 bis 25 Minuten backen.

KÜRBISKERNBROT

NACH ART DER STEIERMARK

250 g Dinkel- oder Weizen-ruchmehl oder Dinkel- oder Weizenvollkornmehl
1–1½ TL Meersalz
ca. 2 dl/200 ml lauwarmes Wasser
20 g Frischhefe
3 EL Kürbiskernöl
120 g Kürbiskerne
2 EL Sesamsamen

1 Mehl und Salz in einer Schüssel mischen, eine Vertiefung drücken. Hefe im lauwarmen Wasser auflösen, Öl zugeben, in die Vertiefung gießen, zu einem Teig zusammenfügen und kneten, bis er geschmeidig ist. Schüssel mit feuchtem Tuch zudecken. Teig 30 Minuten gehen lassen.

2 Teig nochmals kneten, Kürbiskerne und Sesamsamen einkneten. Aus dem Teig einen länglichen Laib formen und auf ein mit Backpapier belegtes Blech legen. Nochmals 15 Minuten gehen lassen.

3 Backofen auf 180 bis 200 °C vorheizen.

4 Kürbiskernbrot in der Mitte in den Ofen schieben und bei 180 bis 200 °C 55 bis 60 Minuten backen.

FREIBURGER BAUERNBROT

15 g Frischhefe
1 TL Honig
1 dl/ 100 ml Wasser
150 g Roggenvollkornmehl
300 g Dinkelruchmehl
1 ½ TL Salz
1,8 dl/180 ml Wasser

1 Hefe mit Honig und Wasser verrühren.

2 Roggen- und Dinkelmehl in einer Schüssel mischen und eine Vertiefung drücken. Hefeflüssigkeit in die Vertiefung gießen, 1 Teelöffel Mehl unterrühren. Schüssel mit feuchtem Tuch zudecken. Vorteig an einem warmen Ort 15 Minuten gehen lassen.

3 Salz unter den Vorteig rühren, Wasser zugeben und alles zu einem Teig zusammenfügen. Teig auf der Arbeitsfläche 10 Minuten von Hand oder 5 Minuten in der Teigknetmaschine kneten. Der Teig muss weich sein. Schüssel mit feuchtem Tuch zudecken, Teig an einem warmen Ort auf das doppelte Volumen aufgehen lassen.

4 Teig halbieren, Kugeln formen und diese mit dem Teigholz zu 2 bis 3 cm dicken Rondellen ausrollen. Teigrondellen auf ein eingefettetes Blech legen, nochmals 10 Minuten gehen lassen.

5 Backofen auf 250 °C vorheizen.

6 Für die Verzierung mit dem Stiel einer Holzkelle ein Kreuz in die Teigrondellen drücken. Stiel links und rechts der beiden Vertiefungen ebenfalls eindrücken, sodass ein gitterartiges Muster entsteht (siehe Bild).

7 Freiburger Bauernbrot in der Mitte in den Ofen schieben und zuerst 10 Minuten bei 250 °C und weitere 25 Minuten bei 180 °C backen.

ST.-GALLER-BROT Seite 121
TESSINERBROT Seite 120
FREIBURGER BAUERNBROT

TESSINERBROT

10 g Frischhefe
1 TL Honig
1 dl/100 ml Wasser
400 g Weizenweißmehl
1 TL Salz
1 ½ EL Sonnenblumenöl
1,2 dl/120 ml Milchwasser
(halb Milch/halb Wasser)

1 Hefe, Honig und Wasser verrühren.

2 Mehl in eine Schüssel geben und eine Vertiefung drücken. Hefeflüssigkeit in die Vertiefung gießen, 1 Teelöffel Mehl unterrühren. Schüssel mit feuchtem Tuch zudecken. Vorteig an einem warmen Ort 15 Minuten gehen lassen.

3 Salz unter den Vorteig rühren, Sonnenblumenöl und Milchwasser zugeben, zu einem Teig zusammenfügen. Teig auf der Arbeitsfläche 10 Minuten von Hand oder 5 Minuten in der Teigknetmaschine kneten. Der Teig muss weich und elastisch sein. Teigschüssel mit feuchtem Tuch zudecken. Teig an einem warmen Ort auf das doppelte Volumen aufgehen lassen.

4 Backofen auf 250 °C vorheizen.

5 Teig in 4 Portionen teilen, längliche Ovale formen, diese eng aneinander auf ein eingefettetes Blech legen. Nochmals 10 Minuten gehen lassen. Für die Verzierung die Oberfläche in der Mitte längs mit einem scharfen Messer einschneiden, mit Wasser bepinseln.

6 Tessinerbrot in der Mitte in den Ofen schieben und zuerst 10 Minuten bei 250 °C und weitere 25 Minuten bei 180 °C backen.

Abbildung Seite 119

ST.-GALLER-BROT

FÜR 4 BROTE

20 g Frischhefe
1 TL Honig
2 dl/200 ml Wasser
200 g Roggen- oder Weizenvollkornmehl
800 g Weizenweißmehl
3 TL Salz
4 dl/400 ml Wasser

1 Hefe mit Honig und Wasser verrühren.

2 Mehle in einer Schüssel mischen, eine Vertiefung drücken. Hefeflüssigkeit in die Vertiefung gießen, 1 Teelöffel Mehl unterrühren. Schüssel mit einem feuchten Tuch zudecken, Vorteig an einem warmen Ort 15 Minuten gehen lassen.

3 Salz unter den Vorteig rühren, Wasser zugeben, alles zu einem Teig zusammenfügen. Teig auf der Arbeitsfläche 10 Minuten von Hand oder 5 Minuten in der Teigknetmaschine kneten. Der Teig muss weich sein. Schüssel mit einem feuchten Tuch zudecken. Teig an einem warmen Ort auf das doppelte Volumen aufgehen lassen.

4 Teig halbieren, Kugeln formen und diese auf bemehlter Unterlage 10 bis 15 Minuten gehen lassen.

5 Backofen auf 250 °C vorheizen.

6 Teigkugeln flach drücken, mit dem Teigholz Rondellen von 15 bis 20 cm Durchmesser ausrollen. Teigrondellen halbieren, mit wenig Wasser besprühen. Teighälften sofort satt aufrollen, ein wenig bemehlen, auf ein eingefettetes Blech legen.

7 St.-Galler-Brote in der Mitte in den Ofen schieben und zuerst 10 Minuten bei 250 °C und weitere 20 bis 30 Minuten bei 180 °C backen.

Abbildung Seite 119

CIABATTA

10 g Frischhefe
1 TL Honig
1 dl/100 ml Wasser
350 g Weizenweißmehl
2 Prisen Meersalz
1,8 dl/180 ml Wasser

2 EL Weizenweißmehl

1 Hefe mit Honig und Wasser verrühren.

2 Mehl in eine Schüssel geben und eine Vertiefung drücken. Hefeflüssigkeit in die Vertiefung gießen, 1 Esslöffel Mehl unterrühren. Schüssel mit feuchtem Tuch zudecken. Vorteig 15 Minuten gehen lassen.

3 Salz und Wasser zum Vorteig geben, zu einem Teig zusammenfügen. Teig auf der Arbeitsfläche 10 Minuten von Hand oder 5 Minuten mit der Teigknetmaschine kneten. Schüssel mit feuchtem Tuch zudecken. Teig an einem warmen Ort auf das doppelte Volumen aufgehen lassen.

4 Teig zu einer Kugel formen und diese 2½ cm dick ausrollen. Mit Wasser einpinseln und mit Mehl bestäuben. Nochmals 10 Minuten gehen lassen.

5 Backofen auf höchster Stufe (Unter- und Oberhitze) vorheizen.

6 Ciabatta in der Mitte in den Ofen schieben und zuerst 10 Minuten auf höchster Stufe und weitere 15 bis 20 Minuten bei 180 °C backen.

ZUM REZEPT Dieses fast salzlose Fladenbrot gehört zu jedem italienischen Essen!

KASTANIENBROT MIT PINIENKERNEN

300 g Kastanienmehl
1 kg Dinkelvollkorn- oder Ruchmehl
30 g Salz
60 g Frischhefe
ca. 6 dl/600 ml lauwarmes Wasser
2 EL Pinienkerne

1 Mehle und Salz in einer Schüssel mischen, eine Vertiefung drücken. Hefe in wenig lauwarmem Wasser auflösen und mit restlichem Wasser in die Vertiefung gießen, zu einem Teig zusammenfügen. Teig 10 Minuten von Hand oder 5 Minuten in der Knetmaschine kräftig kneten. Der Teig hat die richtige Beschaffenheit, wenn er an den Händen nicht mehr klebt. Teigschüssel mit feuchtem Tuch zudecken. Teig 1½ Stunden gehen lassen.

2 Backofen auf 170 °C vorheizen.

3 Teig nochmals kräftig kneten, Pinienkerne einkneten.

4 Aus dem Teig 2 bis 3 Laibe formen und auf ein mit Backpapier belegtes Blech legen. Oberfläche einige Male schräg und nicht zu tief einschneiden.

5 Kastanienbrote in der Mitte in den Ofen schieben und bei 170 °C etwa 35 Minuten backen

WICHTIG Der Teig läuft etwas in die Breite. Wer ein hohes Brot will, füllt den Teig in zwei eingefettete Cake-/Kastenformen von etwa 28 cm Länge. Die Backzeit bleibt sich gleich.

TIPP Bei kleinem Brotbedarf kann die Menge halbiert werden. Kastanienbrot, frische Butter und Kastanienhonig machen das Frühstück zum kulinarischen Erlebnis.

REGISTER

L

M

N

O

P

Q

R

S

SCH

ST

T

V

W

Z